Rote Rübe Rote Bete

MARGOT FISCHER

mandelbaums *kleine gourmandisen*

N° 2

Die Angaben über medizinische Anwendungen und Wirkungen sind historischer und zeitgenössischer Fachliteratur entnommen. Eine Selbstbehandlung schwerwiegender Erkrankungen ohne ärztlichen Rat wird nicht empfohlen.

Die Ausführungen stützen sich auf eine Vielzahl an historischen Quellen und wissenschaftlichen Artikeln.
Eine Liste der Literatur ist auf www.margot-fischer.net abrufbar.

9 783854 764786

www.mandelbaum.at
www.mandelbaum.de
ISBN 978-3-85476-478-6
© mandelbaum *verlag* wien, berlin 2015
alle Rechte vorbehalten
3. Auflage 2023
Lektorat: Michael Baiculescu
Satz & Umschlaggestaltung: Michael Baiculescu
Illustrationen: Linda Wolfsgruber
Druck: Interpress, Budapest

Mit dem Essen sollst du nicht spielen! Die Erwachsenen verkannten meinen früh erwachten Forschergeist. Damals ahnte ich allerdings noch nicht, welche Zauberkräfte in meinen Rübenstempeln und der tollen Körperfarbe steckten:

Solarzellen, die auch bei Bewölkung funktionieren, Medikamente, Kosmetik, Doping, Reinigungsmittel, Treibstoff – nicht nur für fliegende Teppiche im Kinderbuch – und Getränke, die im Dunkeln leuchten. All das und noch viel mehr bietet die rote Rübe. Augenschmaus und Gaumenfreuden zum Beispiel.

Tiefrot verlockt das Fruchtfleisch, dessen Farbe sich mit Rahm zu leuchtendem Pink wandelt. Verspielt ringeln sich weiß und rosa in manchen Sorten, goldgelb leuchten andere, weitere schimmern in dezentem Weiß. Kräftig funkelt ein ganzer Regenbogen an Farben im vielseitig verwendbaren Blattwerk.

Dennoch gibt es Menschen, die das Rote-Rübensalat-aus-dem-Glas-Trauma noch nicht überwunden haben. Für sie ist dieses Büchlein das Therapeutikum der Wahl.

Es ist ein Plädoyer für ein kleines Wunderwerk der Natur.

Viel Vergnügen und Genuss!

WIE KRAUT UND RÜBEN Seit Jahrhunderten begleitet die rote Rübe als preiswertes und gesundes Nahrungsmittel Menschen unterschiedlichster Herkunft. Dies bezeugen die zahlreichen erhalten gebliebenen Bezeichnungen: Bete, rote Beete, Rahne, Rahner, Rana, Rande, Randig, Ranne, Rauna, Rohne, Rone, Rotmöhre, Salatrübe, Salatbete oder Trüffel des Nordens, um nur einige zu nennen. Die Gebrüder Grimm schreiben in ihrem deutschen Wörterbuch 1852 im Beitrag zu *beete*: »heiszt es auf hochdeutsch mit schönerm namen mangold« und listen die rote Rübe unter dem Stichwort *rübe*.

Der Grimm'sche Eintrag lässt uns erahnen: die Erfassung der Kulturgeschichte der roten Rübe ist eine Herausforderung. Antike Überlieferungen liegen nur spärlich vor, oftmals lediglich in Zitaten durch spätere Autoren. Vor allem das Fehlen von Bildmaterial macht exakte Zuordnungen häufig schwierig, besonders zumal frühe Bezeichnungen nicht selten vieldeutig sind. Das beginnt schon bei der Farbe: schwarz bedeutete nicht selten rot, konnte jedoch auch einfach nur schwarz sein. Hinweise, ob sich die Angabe der Farbe auf Blätter, Schale oder Fleisch bezieht, fehlen zumeist. Sorten unterschiedlichster Rübenarten weisen eine dunkle Schale auf.

Selbst die binäre Nomenklatur, im 18. Jh. von Linné eingeführt, hilft in diesem Fall nicht viel weiter. Erst die Bezeichnung der Varietät lässt eindeutig zwischen der roten Rübe und ihren Verwandten, Mangold, Futterrübe sowie Zuckerrübe unterscheiden. Zahlreiche ältere Schriften weisen zudem Übersetzungsfehler und Verwechslungen auf. Sogar Vertreter unterschiedlicher Pflanzenfamilien warfen frühere Autoren wie Kraut und Rüben in einen Topf.

Apropos Bezeichnungen: obwohl es sich beim Speicherorgan der roten Rübe genau genommen um das verdickte Hypokotyl bei runden Sorten und eine Einheit von verdicktem Hypokotyl und Wurzel bei zylindrischen Varietäten handelt, stehen zum besseren Verständnis im Folgenden die gängigeren Begriffe Wurzel oder Knolle.

Medizinische, kulinarische und agronomische Aspekte sind bewusst innerhalb eines Kapitels dargestellt, da sie frühe Werke – zu Recht – vereinten.

DIE ANPASSUNGSFÄHIGE Als Urahn der roten Rübe und ihrer Verwandten gilt die *Beta vulgaris* L. subsp. *maritima*, Seerübe oder Seemangold genannt wegen ihrer Salztoleranz. Die Pflanze dürfte ursprünglich aus Südwestasien stammen. *Beta maritima* wächst seit prähistorischer Zeit an den Küsten Nord- und Westeuropas sowie des Mittelmeers einschließlich Nordwestafrika und Kanarische Inseln, in Balkanländern, der Kaukasusregion und in Vorderasien bis Bangladesch, seit jüngerer Zeit auch in China, Japan und Kalifornien. Vereinzelt finden sich Seerüben im Landesinneren auf nährstoffreichen, vorzugsweise salzreichen Böden. Auffallend ist die ausgeprägte Anpassungsfähigkeit der *Beta maritima* an unterschiedliche Umweltbedingungen. Die Pflanzen adaptieren sehr rasch ihr Reproduktionssystem, die Blütezeit und Lebensdauer. Mittlerweile ist die *Beta maritima* als Genlieferant für Eigenschaften interessant, die während der Domestizierung verloren gingen. Der Schwerpunkt der Forschung liegt auf der Resistenz von Pflanzen gegen schwerwiegende Erkrankungen. Die Kreuzungsfreudigkeit der Gattungsmitglieder erleichtert dieses Unterfangen.

Archäologische Funde in Europa, dem Nahen Osten und Ägypten zeigen, dass sowohl Blätter und Samen als auch Stängel und Wurzeln der *Beta maritima* seit der Steinzeit genutzt werden. Erstmals kultiviert wurde die

Gattung vermutlich in Mesopotamien um 8.000 v.d.Z. Höhere Lagen waren wegen des kühleren Klimas bevorzugt, in dem die *beta* besser gedeiht. Entlang der Schifffahrtsrouten breitete sich der Anbau im Mittelmeerraum aus. Es entwickelte sich eine Vielzahl domestizierter Formen, die teilweise noch heute existieren. Lange Zeit waren vorrangig die Blätter von Interesse, wohl nicht zuletzt deshalb, weil antike Sorten eher dünne und harte Wurzeln aufwiesen, vor allem in sehr warmen Regionen.

ANTIKES ÄGYPTEN Ein Tempelgemälde in der ägyptischen Nekropole Beni Hassan aus der Zeit der 12. Dynastie (2000–1788 v.d.Z.) zeigt einen Gärtner mit einer Pflanze, die von einigen Historikern als Rübe interpretiert wurde. Erst aus späteren Epochen sind eindeutige Nachweise erhalten, etwa eine Haushaltsabrechnung um 250 v.d.Z. Die Bewohner Ägyptens sollen noch zu Zeiten der römischen Herrschaft lieber Rüben als Getreide angebaut haben. Schriften der alexandrinischen Alchemisten, die sich teilweise auf ältere Quellen stützen, empfehlen Rübensaft und die stark alkalische Rübenasche zum Reinigen metallischer Gegenstände.

Der Leidener Papyrus (3. Jh.), beruhend auf wesentlich älteren Überlieferungen, berichtet überdies von Verfälschungen roter Pflanzensäfte in der Färberei. Im 10. und 11. Jh. unter der Herrschaft der Fatimiden waren Rüben ein Haupterzeugnis des Landes.

NAHER OSTEN Eine spätbabylonische Tontafel listet die Gattung unter den Pflanzen in den Gärten des babylonischen Königs Marduk-apla-iddina II. Die Bezeichnung *silqa* ist ein Fremdwort, das auf die Bezeichnung für Sizilien zurückgeht. Die weitgereisten Phönizier, die sehr alte Kultstätten auf Sizilien besaßen, dürften zur Verbreitung der Pflanze beigetragen haben. In der heutigen botanischen Terminologie für den Mangold (Cicla) spiegeln sich noch die Namen der Pflanze im Mittleren Osten wider, *salk*, *seig*, *selg*, *silg* oder *silig*.

Der Talmud berichtet vom Anbau in Babylonien und Palästina. Die Wurzeln in Palästina würden so groß, dass ein Fuchs darin seine Höhle baute und danach immer noch 60 Pfund übrig blieben. Roh wäre die Pflanze ungenießbar, zubereitet sei sie bekömmlich und gut für Herz und Augen sowie gegen eine träge Verdauung. Anwendungen, die neuere Studien bestätigen. Als Gesundheitstipp bietet der Talmud: Rüben, Bier und ein Bad im Euphrat.

ANTIKES GRIECHENLAND Im antiken Griechenland nutzte man vorrangig Blätter und Blattstiele, seltener Wurzeln zu kulinarischen wie medizinischen Zwecken und nannte die Gattung *seutlon* oder *seutlion*, attisch *teutlon* oder *teutlion*.

Griechische Ärzte verordneten Rüben vor allem bei Verdauungsproblemen und Infektionen, die Samen als Entgiftungsmittel. Die Anwendung scheint verbreitet gewesen zu sein, mokiert sich doch der Komödiendichter Alexis (4./3. Jh v.d.Z.) in *Mandragora*:
»Sagt in gewohnter Sprache irgendwelcher Arzt: / Dem Kranken gebt dies oder jenes Mittel ein‹, / So lacht man über ihn! Doch sagt dasselbe er / Fremdländischen Akzents, so staunt man ob des Spruchs, / Und preiset seine Weisheit überaus! Nennt er / Die Rübe ‚Seutlion‹, so spottet wer ihn hört, / Doch spricht er ‚Teutlion‹, gleich horcht ein jeder auf, / Und führt voll Eifer sorgsam aus, was er befahl«.

Die kulinarische Wertschätzung illustriert ein Fragment des Lustspieles *Die Tiere* von Kratinos (ca. 520–423 v.d.Z.) in dem sich in einer Art Schlaraffenland »die Rüben von selbst« kochen.

Schon Diocles von Carystos (4. Jh. v.d.Z.) unterscheidet zwischen wilden und kultivierten Formen, »weißen« und »schwarzen« Sorten mit schlanken Wurzeln. Sowohl Diocles als auch Theophrast (ca. 371–287 v.d.Z.) beschreiben eine dunkle Sorte mit süßem Geschmack, die ihrer Wurzeln wegen angebaut wurde. Laut Theophrast kannte sein Lehrer Aristoteles (384–322 v.d.Z.) überdies eine rote Sorte.

Sogar kultische Bedeutung erlangte die Gattung. Pseudo-Demokritos (1. Jh.) berichtet vom Verspeisen einer *seutlon* als Bestandteil eines magischen Rituales. Rüben sollen im Tempel zu Delphi als Opfergabe an Apollo gereicht worden sein, als so wertvoll wie Silber gegolten haben und Aphrodites Schönheitsmittel gewesen sein. Einheitlich sind die Empfehlungen unzähliger Autoren über die Jahrhunderte hinweg, die rote Rübe mit Essig, Senf und Öl zu marinieren, um ihre »kalte und feuchte Natur zu mildern«. Studien des 20. Jh. zeigen, diese Zusätze verstärken die antioxidative Wirkung der Pflanze.

Der Arzt, Pharmakologe und Botaniker Pedanios Dioscorides (etwa 40–90), dessen Werk mehr als 1500 Jahre hindurch weithin geschätzt war, empfiehlt in seiner *Materia medica* den Saft wegen seines »Natrongehaltes« zur Reinigung des Kopfes und – mit Honig in die Nase eingebracht – gegen Ohrenschmerzen. Rübenblätter dienen bei ihm als Auflage für schlecht heilende Wunden und Geschwüre, eine Anwendung, deren Wirksamkeit Studien des 21. Jh. bestätigen.

Artemidoros von Daldis interpretiert im 2. Jh. in seiner *Oneirokritika* (Traumdeutung) die Rüben als Symbol für vergebliche Hoffnungen (den Magen füllend, ohne zu nähren), Sinnbild für Gläubiger (in ständiger Bewegung haltend, und zwar Magen und Darm) sowie als Künder von Niedermetzelung und Zerstückelung durch eiserne Waffen (Rüben werden gehackt).

ANTIKES ROM Auch die Römer nutzten bereits in der Antike die medizinischen und kulinarischen Eigenschaften unterschiedlicher Sorten, wobei römische Texte im Vergleich zu griechischen vermehrt auch auf die Wurzeln eingingen. Die schwarze *beta* der antiken Römer gilt als frühe Vorgängerin der heute kultivierten roten Rübe.

Die erste Erwähnung in der römischen Literatur dürfte *beta* in *De agri cultura* von Marcus Porcius Cato (234–149 v.d.Z.) erfahren haben. Der Autor empfiehlt Stängel und Wurzel gegen Verstopfung. Catos Biograph Plutarch (etwa 45–120) erzählt, der sparsame Mann habe Rüben als Siegespreise verteilen lassen.

In Pompeji findet sich auf einer in eine Wand geritzten Liste *beta* neben Schwein, Brot, Kohl, Senf, Minze und Salz. Ein weiteres pompejanisches Sgraffito macht sich über einen Neureichen lustig: »C. Hadius Ventrio, Ritter, römischer Bürger geboren zwischen Rüben und Kraut«. Fresken im Freudenhaus zeigen Abbildungen von Rüben, die – nicht zu Unrecht – als Aphrodisiakum galten. Einige Historiker meinen, die Gläser mit roter Flüssigkeit, welche die Menschen auf manchen Darstellungen trinken, enthielten nicht Wein, sondern roten Rübensaft.

Der Satiriker Martial (40–etwa 103) bezeichnet in seinen *Epigrammen* die *beta* als Kost für die Schmiede, oft mit Wein und Pfeffer gekocht. Diese Aussage galt jahrhundertelang als Hinweis auf die Minderwertigkeit der Speise für Handwerker. Schmiede benötigen jedoch sehr viel Kraft und standen in hohem Ansehen, erzeugten sie doch Waffen und Schmuck.

Gaius Suetonius Tranquillus (etwa 70–nach 122) berichtet, Kaiser Augustus habe den Begriff *betizare* für verweichlichtes Verhalten geprägt in Anspielung auf die Süße der *beta*.

Das Höchstpreisedikt des Kaisers Diocletian (245–313) legt auch die Preise für Rüben fest, ein Hinweis auf deren marktwirtschaftliche Bedeutung.

Die in der Antike übliche Betrachtung der Nahrung als Medizin zeigt sich in *De re coquinaria*, einer vermutlich im 4. Jh. fertiggestellten Sammlung aus Texten von Marcus Gavius Apicius (1. Jh.) und Apuleius (2. Jh.), unter dem Verfassernamen Caelius Apicius überliefert. Sie enthält einige Rezepte für *beta*, die Mehrzahl davon als verdauungsfördernde Beilage. Ebenso bietet die Sammlung Anleitungen zur Herstellung von eingelegten Rüben und den Tipp, dem Kochwasser von Blättern Natron hinzuzufügen, um eine besonders kräftige grüne Farbe zu erhalten.

Kaiser Flavius Claudius Julianus Apostatus (331–363) ließ seinen Leibarzt Oreibasios Abschriften der Werke Galens anfertigen. Auf diese Weise wurde eher eine reservierte Haltung gegenüber der *beta* tradiert. Der Kaiser selbst berichtet, den Priestern der syrischen Göttin Kybele wäre der Genuss von *beta* nicht gestattet. Es wird davon ausgegangen, das Verbot fuße auf der möglichen blähenden Wirkung von Rüben, analog zum Verbot von Bohnen für ägyptische Priester und Pythagoräer.

Aetios von Amida (502–575), Leibarzt von Justinian I, empfiehlt die Zähne mit Rübensaft zu putzen. Alexandros von Tralleis (etwa 525–605) erwähnt neben den gängigen Anwendungen ein Haarfärbemittel aus Blättern der *beta*.

ARABISCHE SCHRIFTEN Die Araber lernten die Gattung vermutlich erst nach Beginn des 7. Jh. im Zuge ihrer Eroberungen kennen. Eine arabische Sage aus vormohammedanischer Zeit, die sich über Jahrhunderte erhielt und auch in die Grimm'sche Sammlung Aufnahme fand, erzählt vom Teufel, den die Bauern durch den Anbau von Rüben überlisten.

In weiten Bereichen basierend auf Übersetzungen der Schriften von Aristoteles, Theophrast, Dioscorides und Galen begannen sich Autoren im arabischen Raum mit Botanik und Pharmakologie zu beschäftigen. Zahlreiche noch heute weithin gebräuchliche Arzneien gehen auf ihre Werke zurück.

Ibn Massawaih (777–857), Leibarzt des Kalifen al-Mamun, verweist auf die besondere Süße gekochter Rüben. Mehrere Autoren berichten von der Verwendung der Gattung zur Herstellung von Brot, die in Europa noch im Ersten Weltkrieg praktiziert wurde.

Einer der einflussreichsten Universalgelehrten, Abu Ali al-Husain ibn Abdullah ibn Sina, auch Avicenna genannt, (etwa 980–1037), empfiehlt wie viele seiner Quellen die Zubereitung mit Essig und Senf sowie eine Mischung mit Linsen. Blätter, Wurzeln und Saft dienen hauptsächlich der Behandlung von Magen und Darm.

Der Augenarzt Ammar ibn Ali al-Mawsili (um 1000) bemerkt die Stärkung der Sehkraft durch Genuss der Gattung, eine Wirkung, die auch seine Nachfolger sowie Studien des 21. Jh. bestätigen.

Moses Maimonides (ca. 1135–1204) berichtet, die Gattung wäre schon in sehr früher Zeit in Gartenbeeten Palästinas und Syriens angebaut worden. Seine treffende Beobachtung, das Austreiben der Blätter geschehe auf Kosten der Wurzeln, zeigt, dass nach wie vor die Blätter im Vordergrund standen.

In den landwirtschaftlichen Abhandlungen von Ibn al-ʿAwwam (12. Jh.), der zahlreiche seiner Vorgänger zitiert, und den medizinischen Schriften von Abu Muhammad ibn al-Baitar (13. Jh.) ist die Gattung als weit verbreitet und in vielerlei Zubereitungsarten genossen beschrieben. Letzterer berichtet zudem von einer gelblichen bis rötlichen, ziemlich großen süßlichen Rübe, die in Mesopotamien von Händlern geröstet verkauft wurde. Interessant ist der Hinweis, dass mitunter etwas Wein zum Begießen benutzt wurde und sich Rüben zum Entsalzen schlechter Böden eignen. Auch das Haltbarmachen wird erwähnt. Neben Essig und Senf diente u. a. Rosenöl zum Würzen.

MITTELALTER Der lateinische Begriff *beta* wurde frühzeitig ins Althochdeutsche und Angelsächsische übernommen. Aus dem Niederdeutschen sollen die Bezeichnungen im Osteuropäischen hervorgegangen sein.

Die kulinarische und medizinische Verwendung der Gattung blieb – ebenso wie die diversen Bezeichnungsvermischungen und Verwechslungen in der Literatur – beinahe unverändert von der Antike über das Mittelalter bis in die Neuzeit erhalten. Die Mehrzahl der *Antidotarien,* Sammlungen medizinischer Rezepturen, fasste lediglich antikes und arabisches Schrifttum zusammen. *Beta* diente vor allem der Behandlung von Schwächezuständen, Verdauungsproblemen und Infektionen.

Der hohe Stellenwert der Gattung zeigt sich darin, dass sie in keinem der wichtigsten Dokumente fehlt. In der Landgüterverordnung Karls des Großen (747 oder 748–814), *Capitulare de villis*, ist um 812 *beta* angeführt, ebenso im *Liber de cultura hortorum* (*Hortulus*) des Wahlafrid von Reichenau, genannt Strabo (808–49). Der Plan des Klostergartens von St. Gallen (um 820) sieht im Gemüsegarten auch Abteilungen für *betae* vor.

Schriften von Autoren der renommierten medizinischen Schule von Salerno (Blütezeit 10.–13. Jh.), die medizinisches Wissen aus der griechischen, arabischen, römischen und jüdischen Kultur vereinen, unterscheiden *b(l)eta* (Rübe) von *sicla* (Mangold).

Noch im 12. Jh. wurde *beta* in eingezäunten Gemüsegärten gezogen und war von der Abgabe des Zehnten befreit. Im Spätmittelalter zählten Rüben zu den steuerpflichtigen Produkten, hatten also bereits wirtschaftliche Bedeutung erlangt.

Zahlreiche, nach der Epidemie des *schwarzen Todes* 1348 verfasste, *Pestschriften* empfehlen Mangold und Rüben als kühlende Krankenkost.

Der musikalisch innovative Meistersinger Hans Folz (1435–1513) lässt im *Meistergesang von allerlei Hausrat* aus dem Keller »roth ruben holen, wie man ihrer g'wohnt«.

RENAISSANCE Begünstigt durch den Buchdruck verfügen heilkundliche Werke zunehmend über mehr oder weniger exakte Abbildungen.

Rote und gelbe Sorten beginnen sich als Salatgemüse zu verbreiten. In Spanien, Frankreich und Italien bleibt das Hauptaugenmerk auf den Blättern.

Rote Rüben dienen neben den bisherigen Indikationen Schwäche, Verdauung und Infektion auch zur Behandlung von Herz-Kreislauf- und Menstruationsproblemen sowie zur Blutbildung. Diese Anwendungen auf Basis der Signaturenlehre, die das Rot der Rübe mit dem Blut in Verbindung bringt, findet tatsächlich ihre Bestätigung in modernen Analysen der Inhaltsstoffe und Wirkung.

Paracelsus (1493–1541) bietet darüber hinaus eine beachtenswerte Verwendung von Blättern, Stücken und ganzen Rüben als kräftigenden Badezusatz.

Interessant auch ein Rezept für Räucherzunge von Jörg Fugger, notiert von Philippine Welser in ihrem Kochbuch 1553, in dem die Zunge vor dem Räuchern in Salzlake mit roten Rüben und Erbsen eingelegt wird.

In der Türkei erfreut sich die rote Rübe im 15. und 16. Jh. steigender Beliebtheit. Ein Kochbuch aus dieser Zeit bietet einen Eintopf, ein Reisebericht erwähnt Salat.

Ab dem 16. Jh. berichten zahlreiche Autoren von einer aus Italien stammenden großen süßlichen »römischen« roten Rübe, die weitgehend den heutigen Pflanzen entspricht. In dieser Zeit waren die Wurzeln bereits in den Niederlanden und England in Mode gekommen, ebenso in Osteuropa und Skandinavien.

Der nordischen Sagengestalt Kvasir zu Ehren tranken slawische und nordische Völker vergorenen roten Rübensaft, wohl in Anlehnung an den Mythos, aus Kvasirs Blut mit Honig vermischt sei der *Met der Inspiration* entstanden.

Der besondere Stellenwert der roten Rübe lässt sich auch daran erkennen, dass in Sprichwörtern aus dieser Zeit Feld- und Steckrüben für gering geachtete Menschen und Situationen herhalten müssen, während rote Rüben in Gärten gezogen werden und in Speisenlisten von Kirchweihen und herrschaftlichen Hochzeiten Platz finden.

NEUZEIT Zunehmend etabliert sich die rote Rübe als von Köchen, Ärzten und Agronomen gepriesenes Nahrungsmittel, dessen Saft sich zum Färben von Wein eignet und durch Kochen zudem einen süßen Sirup von wunderbar kräftiger Farbe ergibt.

Neu ist die Empfehlung von Nicolas Culpeper im *Complete Herball* 1653 roten Rübensaft in die Nase gegen Tinnitus und Zahnschmerzen einzubringen. Beachtenswert auch der wundheilende Trank des Michael Bernhard Valentini von 1719 aus weißer, roter und schwarzer *beta* sowie der Hinweis auf die Gärfreudigkeit des Saftes durch den einflussreichen Mediziner, Botaniker und Chemiker Herman Boerhaave (1668–1738). Zahlreiche seiner Zeitgenossen loben die Samen diverser Arten als bewährtes Mittel gegen Masern und Blattern.

Erstaunlich modern zeigt sich Liselotte von der Pfalz, die von 1671–1722 am Hof Ludwigs XIV lebte. Sie pflegte mittags Obst und rote Rüben zu speisen.

Im 18. Jh. sind es vor allem Züchter in Italien und den Niederlanden, die zahlreiche Sorten entwickeln. Ausgangsmaterial hatten sie ausreichend aus der unkontrollierten (natürlichen) Hybridisierung in vorangegangenen Jahrhunderten. Der Abbé de Commerell (+ 1799) empfiehlt in seiner Abhandlung über Rüben (1786) bei der Samengewinnung Exemplare mit rot-weiß geringeltem Fleisch zu bevorzugen, da rein weiße oder rein rote als degeneriert zu betrachten wären. Spätere Zuchtvorgaben sollten genau das Gegenteil fordern.

Georges M. Gibault berichtet in seiner *Histoire des Légumes* (1912) vom weit verbreiteten Anbau der Melden, Steckrüben und Beta-Arten vor der Einfuhr von Bohnen und Kartoffeln aus der Neuen Welt.

DER WEG AUS DEM KELLER Bis ins 20. Jh. dienten rote Rüben hauptsächlich als Lagergemüse für den Winter. Ein Gutteil der Ernte landete mit Essig im Glas oder wurde milchsauer vergoren. Erst gegen Ende des 20. Jh. kamen kleinere Sorten für die Sommerernte auf den Markt mit zarten und weniger erdig schmeckenden Varietäten für Rohkostgerichte.

Die Trennung der Einheit von Nahrung und Medizin ließ die Heilwirkungen der Gattung zwischenzeitlich in Vergessenheit geraten. Maud Grieve (1858–1941), die im Ersten Weltkrieg wegen des Mangels an Medikamenten weithin geschätzte Abhandlungen über Pflanzenheilkunde publizierte, klagt noch 1931 in ihrem *Modern Herbal* »die moderne Medizin lässt Rüben außer Acht«.

Die Wiederentdeckung der Naturkost sowie die Entwicklung der *nouvelle cuisine* und der Molekularküche ebneten der roten Rübe den Weg zu gebührender Anerkennung. Legendäre Küchenchefs verschaffen ihr Eintritt in die Gourmet Tempel.

Das 21. Jh. feiert die rote Rübe als absoluten Star. Functional Food ist gefragt. Vom Smoothie über den Burger bis hin zu überdimensionalen Designer Hochzeitstorten prominenter Paare ist die rote Rübe ein absolutes *must have*.

Sogar die Schulmedizin setzt sich mit den Inhaltsstoffen auseinander. Saft, Chips und Brot werden in klinischen Studien auf ihre Wirksamkeit getestet, vor allem gegen oxidativen Stress, der an der Entstehung von 200 pathologischen Prozessen beteiligt ist.

DIE ROTE RÜBE IN DER KUNST UND KULTUR Selten ist die rote Rübe Gegenstand von Darstellungen in der bildenden Kunst. Auf Gemälden alter Meister ist sie vereinzelt in Marktszenen zu sehen. Interessante Skulpturen roter Rüben stellt die Textilkünstlerin Rachel Nettles her.

Die rote Rübe dient vor allem in der Literatur häufig als Symbol für die Kindheit und das innere Kind – je nach Kontext mit der Konnotation der Abhängigkeit, Geborgenheit oder Freigeistigkeit, ebenso als Zeichen einer linksgerichteten politischen Gesinnung, in älteren und Rückschau haltenden Werken für Volkstümlichkeit, Heimatverbundenheit aber auch Mangel. Noch 2008 erschien ein Buch zur Ernährungskrise Berlins in der Nachkriegszeit unter dem Titel *Rote Rüben auf dem Olivaer Platz*.

Die russische und ukrainische Literatur besingt die rote Rübe vor allem als Teil des Borschtsch. Alexander Puschkin und Nikolai Gogol waren bekannt für ihre Vorliebe für dieses Gericht. Gogols Werke sind gespickt mit *Borschtismen*. Ilja Ilf und Jewgeni Petrow bieten in ihrem Werk *Das goldene Kalb* eine grandiose Szene, in der ein vorgeblich im Hungerstreik befindlicher gehörnter Ehemann von seiner Frau dabei ertappt wird, wie er des nachts aus einem Topf mit kaltem Borschtsch mit bloßen Händen ein großes Stück Fleisch fischt.

In Sergej Eisensteins Filmklassiker *Panzerkreuzer Potemkin* (1925) essen sowjetische Arbeiter Borschtsch als Zeichen der Verbundenheit mit der russischen Erde im Gegensatz zur Aristokratie, die importierten Schnickschnack bevorzugt.

Das Berliner *Kollektiv Rote Rübe* mit vorrangig sozialkritischen Themen galt in den 1970er Jahren als erfolgreichste freie Theatergruppe im deutschsprachigen Sprachraum.

Tom Robbins beginnt seinen Roman *Jitterbug Perfume* mit den Worten: »Die Rote Rübe ist das intensivste aller Gemüse …, das am bereitwilligsten leidet. Soll einmal jemand versuchen, Blut aus einer Steckrübe zu quetschen …« und zitiert ein altes ukrainisches Sprichwort: »Eine Geschichte, die mit einer roten Rübe beginnt, endet mit dem Teufel.«

Schweden empfinden die eher direkte Art der Deutschen befremdlich. Sie nennen deren Verhalten *pang på rödbetan* (auf die rote Rübe hauen).

In einer Comicserie namens *Chew* erkennt der Held durch einen Biss in Essbares die gesamte Geschichte der angebissenen Speise vom Anbau über die Inhaltsstoffe bis zu deren Zubereiter – bei menschlichen Leichen auch deren Mörder. Einzig bei der roten Rübe versagt seine Cibopathie. Er benötigt sie als neutralisierende Nahrung, um nicht durch den Überfluss an Informationen den Verstand zu verlieren.

In Harald Schneiders Kriminalroman *Tote Beete* jagt der Held einen schwarzen Mann bis in einen Lagerraum. Im Kampf stürzt ein Regal voller eingelegter roter Rüben auf den Helden und färbt ihn kräftig mit säuerlicher Masse, worauf dem Helden ein weithin bekanntes Kindheitstrauma wieder ins Bewusstsein gelangt.

Stefano Benni lässt in seiner Kurzgeschichte *Das Jahr des verrückten Wetters* den Erzähler berichten, sein Heimatdorf Sompazzo sei für zwei Spezialitäten berühmt: rote Rüben und Lügner.

In Band 26 der Comicserie Asterix und Obelix geht die als essentiell für die Wirkung des Zaubertrankes bezeichnete Zutat Steinöl aus. Sie wird kurzerhand durch den Saft von roten Rüben ersetzt mit der positiven Nebenwirkung, dass sich auch der Geschmack verbessert.

In Lukas Hartmanns *So eine lange Nase* dient rote Rübensaft als Treibstoff für einen fliegenden Teppich.

Zahlreiche Firmen, die ein Image von Unabhängigkeit und Kreativität pflegen, tragen *rote Rübe* oder *beetroot* im Namen.

Als Ende des 20. Jhs. HIV in Südafrika zum massiven Problem wurde, empfahl die Gesundheitsministerin eine Ernährung, die u. a. rote Rüben enthielt. Da Präsident Thabo Mbeki den Zusammenhang von HIV und Aids negierte und damit den Einsatz der kostspieligen anti-retroviralen Medikamente verzögerte, wurde *Dr. rote Rübe* zum Schimpfwort. Ironischerweise erlangen Polyphenole, die reichlich in der vorgeschlagenen Diät enthalten sind, zunehmend wissenschaftliches Interesse als Hemmstoffe von HI-Viren, die gegen derzeit erhältliche Medikamente resistent sind.

WAS DIE BETE BIETET Rote Rüben sind arm an Kalorien, dafür reich an wertvollen Aminosäuren, Kohlenhydraten, prä- und probiotisch wirkenden Ballaststoffen, Fettsäuren, Vitaminen, Mineralstoffen und Spurenelementen.

Geosmin bedingt das erdige Aroma der roten Rübe. Traditionelle Sorten enthalten mehr Geosmin als neuere Züchtungen. Wer das erdige Aroma abmildern möchte, bereitet rote Rüben mit Rotwein zu.

Das Ausmaß der harmlosen Färbung von Harn und Faeces durch Farbstoffe der roten Rübe hängt u. a. vom pH-Wert sowie der Anwesenheit von Eisen, Oxalsäure und Vitamin C ab.

Die Farbstoffe verstärken das körpereigene Netzwerk an Oxidationsschutzmechanismen. Betalaine fördern zudem die Entgiftung und wirken antibakteriell sowie antiviral. Sie hemmen entzündungsfördernde Enzyme und das Wachstum von Tumorzellen. Auch in der Behandlung von Homocystinurie werden Betalaine eingesetzt.

Die rote Rübe bietet weitere stark wirksame Antioxidantien, darunter Flavonoide wie Epicatechin (bekannt aus Berichten über positive Effekte von Kakao und dunkler Schokolade), Rutin (bekannt aus Präparaten gegen venöse Erkrankungen und Unterschenkelgeschwüre sowie als Schutzmittel gegen Osteoporose) und Kaffeesäure, die u. a. die Bildung von Nitrosaminen behindert.

Rote Rüben enthalten Nitrat, das für Säuglinge nicht bekömmlich ist. Allerdings zeigen neuere Studien, dass Nitrat und Nitrit nicht nur negative Eigenschaften aufweisen.

Nitrat gilt als Förderer des Muskelaufbaues und als magenschützend durch Anregung der Schleimproduktion. Über den biologischen Vermittler Stickoxid kann Nitrit die Blutgefäße erweitern und den Blutfluss verstärken. Damit sinkt der Blutdruck. Zudem verbessert sich die Durchblutung, auch des Gehirnes und von kleinen Gefäßen, die vor allem im Alter und bei Rauchern in Mitleidenschaft gezogen sind. Nitrit hemmt Bakterien, auch Karies Bakterien. Bei Sportlern verbesserte roter Rübensaft unter bestimmten Bedingungen die Leistung, bei Senioren senkte er den Blutdruck und erhöhte die maximale Sauerstoffaufnahmekapazität.

Rote Rüben enthalten Saponine. Sie wirken entzündungshemmend, senken den Cholesterinspiegel und beugen Krebs vor. Saponine bauen zwar rote Blutkörperchen ab, doch spielt diese Eigenschaft bei den niedrigen Aufnahmemengen keine Rolle.

Die rote Rübe enthält Oxalsäure, die sich überwiegend in den Blättern anreichert. Sie ist für Kleinkinder und Personen mit Morbus Crohn und Neigung zur Bildung von Nierensteinen ungünstig. Zudem bindet sie Kalzium und Eisen. Durch Blanchieren lässt sich der Oxalsäuregehalt verringern. Kalziumreiche Nahrungsmittel wie etwa Milchprodukte binden Oxalsäure.

Die Blätter der roten Rübe sind reich an Vitaminen, Mineralstoffen und Carotinoiden, die besonders wichtig für gute Sicht sind.

Rote Rüben gelten als Aphrodisiakum, vor allem die Samen. Eine Erklärung wäre der Gehalt an Bor, das im Hormonstoffwechsel eine Rolle spielt. Zudem hat Bor positive Wirkungen auf Knochenstoffwechsel, Immunsystem, Muskelwachstum und Gehirnfunktion.

Auch der hohe Siliciumgehalt kann zur aphrodisischen Wirkung beitragen. Silicium verhindert nicht nur Osteoporose und Knorpelschäden, es stärkt auch Haar sowie Bindegewebe und verhindert Alzheimer.

Der Appetit vieler Schwangerer auf rote Rüben und deren Blätter kommt nicht von ungefähr. Der hohe Gehalt an Folsäure schützt den Fötus vor Entwicklungsstörungen.

FARBENFROHES MEDIKAMENT In der Naturheilkunde dient die rote Rübe der Behandlung von Herzkrankheiten und Verdauungsproblemen, Sodbrennen, Ausfluss, schlecht heilenden Wunden, Geschwüren und Tumoren. Bei Katarrhen erfolgt das Einträufeln von Saft in die Nase.

Gegen Migräne und Stimmungsschwankungen wird eine Mischung aus geraspelten rohen roten Rüben mit Öl vermischt über Nacht auf die Fußsohlen gelegt.

Cellulitis bekämpfen wöchentliche Wickel aus 3 geraspelten roten Rüben mit 3 EL Honig und 1 TL Pfeffer.

Mischungen mit Essig wendet man bei Schuppen, Schorf und Haarausfall an.

Der milchsauer vergorene Saft wird als mehrwöchige Kur gegen Appetitmangel, Blutarmut und Neigung zu Infekten getrunken.

Rudolf Steiner empfahl, gegen Würmer rote Rüben zu essen, vor allem zu Vollmond. In der Veterinärmedizin ist die Pflanze als effizientes Mittel gegen Spulwürmer geschätzt.

Zahlreiche neuere Publikationen berichten positive Wirkungen bei Bluthochdruck, Arteriosklerose, Herz- und Gefäßerkrankungen, Diabetes Typ II, Übergewicht, Demenz, Depressionen und Arthritis. Als Ersatz für die von starken Nebenwirkungen begleiteten vielfach eingesetzten non-steroidalen anti-inflammatorischen Medikamente ist die rote Rübe ebenso Gegenstand der Forschung. Vielversprechende Ergebnisse zeitigen Studien an Zellkulturen und Tierversuche bei Leber- und Nierenerkrankungen sowie Krebs und HIV.

Zellkulturen der roten Rübe erleichtern wegen ihrer stoffwechselabhängigen Farbstoffverteilung die Untersuchung physiologischer Vorgänge. Die Wurzelhaare dienen überdies der Genforschung.

DIE VIELSEITIGE Die Naturkosmetik besinnt sich auf Anwendungen aus den frühesten Perioden der Schönheitspflege und Ersatzprodukte in Kriegszeiten. Sie benutzt die rote Rübe zur Herstellung von Rouge und Lippenstift, Hautpflegeprodukten, Haarspülungen und Tönungen. Konzentrate sind Bestandteil von Nahrungsergänzungsmitteln und Naturheilpräparaten.

Als natürliches Mittel zur Reinigung von Metallgefäßen ist der Saft seit Jahrtausenden im Einsatz. Auch ökologische Allzweckreiniger aus roter Rübe sind erhältlich.

Der Saft der roten Rübe dient als Tinte und zum Färben von Ostereiern sowie Stoffen, die nach der Fixierung bräunliche Farbtöne annehmen.

Die Farbstoffe der roten Rübe, früher auch das Grün der Blätter, werden seit Jahrhunderten in der Lebensmitteltechnologie verwendet. Kühlere Wachstumsbedingungen und Fermentation erhöhen die Ausbeute.

Betanin (Betanoin) ist unter der europäischen Zulassungsnummer E 162 als Lebensmittelzusatzstoff gelistet. Verwendung findet Betanin vor allem zum Färben von Desserts, Eiscreme, Marmeladen, Fruchtsäften, Frühstückscerealien, Fleisch- und Wurstwaren wie der Baudin barbabietola aus dem Aostatal, Suppen, Tomatenprodukten, Saucen und Nudeln. Der Farbumschlag von Rot auf Braun durch Oxidation wird zum Nachweis von Bakteriensporen und in verpackten Lebensmitteln zur Kontrolle des Verderbs eingesetzt.

Rote Rüben lassen sich aufgrund ihres Zuckergehaltes zu Wein vergären und zu Spirituosen sowie Industriealkohol destillieren. Auch Bioethanol und Biogas kann man daraus herstellen.

Der Chemiker Michael Grätzel erfand Anfang der 1990er Jahre eine Farbstoffsolarzelle. Diese Zellen sind nicht nur umweltschonender und preiswerter in der Herstellung als herkömmliche Zellen, sie funktionieren auch bei schwachem Licht. Neuere Forschungen beschäftigen sich mit der Eigenschaft von Nahrungsmitteln, Licht auszusenden. Betalaine könnten eine Rolle spielen bei in der Dunkelheit leuchtenden Getränken, in fluoreszierenden Schaumbädern oder Zahncrèmes.

Die gelben Betaxanthine werden als möglicher Farbstoff für Lebensmittel und auf ihre Eigenschaften als Einschleuser essentieller Aminosäuren erforscht.

KULTIVIERUNG Die rote Rübe ist eine zweijährige Pflanze aus der Familie der Amaranthgewächse. Im ersten Jahr bilden sich eine Blattrosette und die Rübe aus. Bei runden Sorten, die auf dem Boden aufsitzen, besteht die Rübe aus dem verdickten Hypokotyl, dem untersten Abschnitt der Sprossachse. Längliche Sorten wachsen in den Boden. Sie bilden aus Hypokotyl und Hauptwurzel fleischige Verdickungen. Die Blüte bildet sich im zweiten Jahr. Die rote Rübe ist ein Fremdbefruchter und Windbestäuber. Sie kreuzt sich mit Mangold und Zuckerrübe.

Sie erträgt auch halbschattige Standorte. Böden mit pH-Werten über 6,0 fördern Wachstum und Ertrag. Rote Rüben haben einen hohen Bedarf an Bor. Rote Rüben schätzen es, wenn pro Quadratmeter Anbaufläche ein Teelöffel Salz ausgestreut wird. Der Anbau im Glashaus vermindert den Gehalt an Betalainen.

Die Aussaat sollte erst nach dem Frost erfolgen, laut tradiertem Wissen bei zunehmendem Mond. Pflanzen, die im Jungstadium Frost ausgesetzt sind, neigen zum Schossen, der verfrühten Ausbildung von Blütenständen. Droht nach einer Aussaat im April noch Frost, schützt eine Schicht Stroh oder Vlies. Erste Ernten sind im mitteleuropäischen Raum im Hochsommer möglich.

Zur Einlagerung pflanzt man die Rübe ab Juni, um im Oktober und November zu ernten. Wird der Platz im Juni für andere Pflanzen benötigt, können Pflanzen vorgezogen und erst Ende Juli bis Anfang August ausgesetzt werden. Wichtig für die Entwicklung ist regelmäßiges Gießen.

Beim Auslichten zu dichter Reihen fallen junge kleine Knollen an. Sie werden als Babybeets vermarktet.

Die Pflanze gedeiht gut in Nachbarschaft mit Salat, Kohl, Bohnen oder Rettich. Ungünstig sind Kombinationen mit Spinat und Mangold, Lauch, Karotten oder Kartoffeln.

SORTEN Kräftig rote Sorten enthalten höhere Konzentrationen an Betanin und Betaxanthin als gelbe, weiße Sorten sind beinahe frei von diesen Stoffen. Die mehr oder weniger deutlich sichtbare Ringelung ergibt sich aus den optischen Unterschieden zwischen dem Xylem, einem holzigen Leitgewebe für Wasser und anorganische Salze, sowie dem Phloem, das hauptsächlich Kohlenhydrate enthält, aber auch dem Transport von Proteinen, Hormonen, Vitaminen und Mineralstoffen dient.

Generell unterscheidet man runde, plattrunde und zylindrische Sorten. Traditionelle Sorten sind eher herber und erdiger im Aroma, können auch etwas holziger sein.

Besonders beliebt wegen Schossfestigkeit, Ertrag, Lagerfähigkeit und Aroma sowie Optik sind die Ägyptische, Bull's Blood (zartes dunkelviolettes Laub), Burpees Golden (gelb und süß), Crapaudine (seit karolingischer Zeit angebaut), Formanova (Butter Slicer, zylindrisch und zart), Gestreifte aus der Schweiz (zart nussig), Plattrunde rote Feinlaubige (sehr zart und süß), Robuschka (fruchtig süß), Rote Kugel (pflegeleicht, süß aromatisch, gut lagerbar) weiter verbessert zu Rote Kugel 2/Detroit 2 (schossfest, geringe Nitrataufnahme), daraus entwickelt Sturoman (im ökologischen Landbau sehr verbreitet), Tonda di Chioggia (sehr zart und mild). Für diese alte Sorte hat sich die Bezeichnung nach dem romantischen Fischerdorf Chioggia in Venetien durchgesetzt, in das sich die Venezianer vor den Touristen flüchten. Ursprünglich hieß die Sorte Barbietola di Bassano.

ODE AN DIE ROTE RÜBE

zur Melodie von »Für mich soll's rote Rosen regnen«

Mit Schürze sagte ich still, Ich will,
Will pflanzen, will gießen,
Will kochen, genießen.
Mit Löffel sagte ich still, ich will,
Will rote Rübe oder nichts.

Für mich soll's rote Rüben regnen,
Mir sollten die besten Rezepte begegnen,
Die Welt sollte sich umgestalten
Und die rote Rübe in Ehren halten.

Und später sagte ich noch, ich möcht
Möcht Pablo und Rhonda
Möcht Nero und Tonda.
Und später sagte ich noch, ich möcht
Nicht ohne Rübe sein, und daher satt.

Für mich soll's rote Rüben regnen,
Mir sollten die besten Köche begegnen,
Das Glück sollte sich sanft verhalten,
Es soll von den Rüben die Schnecken fernhalten.

Und heute sage ich still, ich sollt
Mich fügen, begnügen,
Ich kann mich nicht fügen,
Kann mich nicht begnügen:
Will immer noch Rüben.
Will rote Rübe, oder nichts.

Für mich soll's rote Rüben regnen,
Mir sollten stets neue Sorten begegnen,
Die Aroma grandios entfalten,
Und auch beim Kochen die Farbe behalten.

EINKAUF, LAGERUNG UND ZUBEREITUNGSMETHODEN Beim Einkauf sollte sich die Wurzel prall anfühlen und keine Verletzungen aufweisen. Das Blattwerk – so vorhanden – sollte nicht welk sein. Dunkle Flecke weisen auf eine allzu kühle Lagerung hin.

Die Lagerung erfolgt am besten im Beet, solange die Temperaturen nicht unter minus 3 °C fallen. Das Blattwerk sollte zur Lagerung entfernt werden, da es Feuchtigkeit entzieht. Die Knollen halten am längsten im Keller bei 3 °C–5 °C in leicht feuchtem Sand eingegraben. Im Kühlschrank halten die Roten Rüben zwischen 2 und 4 Wochen, in zart feuchte Küchenrolle eingeschlagen auch länger. Zum Tiefkühlen eignen sich gegarte Knollen.

Bei der Verarbeitung von roten Rüben empfiehlt sich das Tragen von Handschuhen. Farbflecken auf der Haut lassen sich allerdings leicht mit Wasser entfernen. Flecken auf der Kleidung sollten sofort mit Seife und heißem Wasser behandelt werden. Holzbretter nehmen weniger Farbe an, wenn sie vor Verwendung mit Wasser genetzt wurden. Aluminiumgefäße reagieren mit roten Rüben und erzeugen einen bitteren Geschmack.

Zutaten, die nicht Farbe annehmen sollen, werden vor dem Vermischen mit Öl oder zerlassener Butter bestrichen.

Für Rohkostgerichte bedeckt man die roten Rüben nach dem Zerkleinern möglichst rasch mit Flüssigkeit (z. B. Dressing), um Nährstoffverluste durch Reaktion mit Sauerstoff zu verhindern.

Lange Garzeiten sind ungünstig, da bereits ab 15 Minuten Erhitzung die gesundheitsfördernden Betalaine abgebaut werden. Garen geschälter roter Rüben in Wasser schwemmt die wichtigsten Inhaltsstoffe aus. Schon Alexandre Dumas empfiehlt in seinem *Grand Dictionnaire de Cuisine* das Garen im Rohr, übrigens nach dem

Abreiben mit Schnaps. Bei Zubereitungen ohne Wasserzusatz (backen oder rösten) sind Zeiten bis 45 Minuten ohne gravierenden Nährstoffverlust möglich. Traditionelle Rezepte geben häufig längere Garzeiten an, da die Sorten in früheren Zeiten wesentlich zäher waren als heute.

Übermäßig lange Kochzeiten und Warmhalten fördern die Bildung von Nitrosaminen. Vitamin C unterbindet die Umwandlung. Günstig sind daher Kombinationen mit Kohl, Kohlrabi, Karfiol, Kohlsprossen, Kartoffeln, Hagebutten, Sanddorn, schwarzen oder roten Johannisbeeren, Papaya, Stachelbeeren und Zitrusfrüchten.

Die Farbe der roten Rübe verändert sich während der Zubereitung. Salz lässt das Rot matt erscheinen, daher wird es möglichst erst zum Schluss beigefügt. Saure Zutaten machen die Farbe leuchtender, alkalische Beigaben, etwa Backpulver, führen zu dunklerer fahler Farbe.

Gegarte rote Rüben schält man am besten, indem man die Haut mit Küchenrolle abrubbelt. Bei sehr jungen Rüben erübrigt sich meist das Schälen.

Die Blätter erinnern in Geschmack und Konsistenz an den verwandten Mangold. Junge Blätter lassen sich roh zu Salaten und Smoothies verarbeiten. Blanchiert werden sie wie Spinat oder Mangold verwendet, etwa in Japan oder Indonesien.

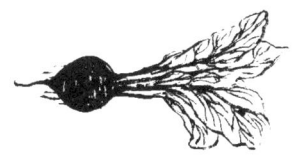

REZEPTE

Besonders gut harmonierende Gewürze und Zutaten sind Anis, Apfel, Basilikum, Birne, Dille, Essig, Estragon, Fenchel, Galgant, Garam masala, Gewürznelken, Granatapfel, Hering, Ingwer, Joghurt, Johannisbeere, Knoblauch, Koriander, Kren, Kreuzkümmel, Kümmel, Kürbis, Limette, Mango, Marille, Muskatblüte, Muskatnuss, Orange, Petersilie, Pilze, Piment, Rosmarin, Sauerrahm, Schnittlauch, Senf, Sesam, Thunfisch, Thymian, Wacholder, Walnuss, Ziegenkäse, Zimt und Zitronengras.

Als Weinbegleitung eignen sich vor allem Merlot, Pinot noir, Beaujolais, Tempranillo, Burgunder, Chianti, Barbaresco und Bordeaux.

Gesichtsmaske

Aus geraspelten rohen roten Rüben und Sauerrahm lässt sich eine großartige Gesichtsmaske mischen. Lasse sie einfach, während du kochst, trocknen und spüle sie hernach mit kühlem Wasser ab. Übrig gebliebene Maske eignet sich sehr gut als Basis für Saucen und Dressings.

GETRÄNKE

Kakaoersatz

Diese Spezialität fand vor allem in Notzeiten den Weg in die Küche. In der DDR wurde sogar ein entsprechendes Verfahren patentiert, um Versorgungsengpässen und Problemen mit der Handelsbilanz auszuweichen.

1 kg rote Rüben für etwa 200 g Pulver

Heize das Backrohr auf 180 °C auf. Schäle rote Rüben und schneide sie in kleine Stücke. Lege die Stücke auf ein mit Backpergament belegtes Blech und röste sie im Rohr, bis sie durchgetrocknet und braun sind. Drehe die abgekühlten Rüben 3 Mal durch die Kaffeemühle und siebe sie hernach. Lagere das Pulver in einem dicht verschlossenen Gefäß. In den härtesten Zeiten trank man das Pulver mit heißem Wasser und ein wenig Zucker angerührt.

Grüner Rote Rüben Smoothie

1 Handvoll rote Rübenblätter • 1 Handvoll Stern-Vogelmiere oder Kopfsalat • 1 kleine Gurke • 200 ml Orangensaft • 6 Datteln ohne Stein • 2 EL Joghurt • Nüsse oder Samen zum Bestreuen

Mixe alle Zutaten zu einem crèmigen Getränk. Besonders hübsch und gesund ist der Smoothie mit Sprossen der roten Rübe (siehe Spargelrezept).

Milchsauer vergorener Rote-Rüben-Saft

Der Saft wird traditionellerweise mit etwas Essig, Salz und Zucker gewürzt als erfrischendes Getränk genossen. Er ist Teil des originalen Borschtsch. Überdies dient der Saft, wie auch Alexande Dumas in seinem *Grand Dictionnaire de Cuisine* erwähnt, zur Vorbeugung gegen Skorbut.

1 kg geschälte rote Rüben in dünnen Scheiben • 1 Stück Sauerteigbrot, besser roher Sauerteig oder 100 ml Sauermilch

Lege die Rüben in ein weithalsiges Glas. Gieße so viel warmes Wasser darüber, dass es 1 Handbreit über den Rüben steht. Füge das Sauerteigbrot oder Sauerteig oder Sauermilch hinzu und lasse das Gefäß locker bedeckt an einem warmen Ort mindestens 3 Tage unter gelegentlichem Rühren stehen. Schöpfe die aufschwimmende weiße Schicht regelmäßig ab. Filtere das fertige Getränk durch einen Kaffeefilter oder ein Tuch.

Ähnlich ist das indische Getränk Kanji aus roten Rüben, Karotten und Senfsamen.

Swekolnik Trank

350 g rote Rüben • 350 g Salatgurke • 1 Frühlingszwiebel • 2 Knoblauchzehen • 1 Prise Salz • 1 l Kefir • 300 ml kaltes Wasser • 1 Stämmchen Dille
Rasple Rüben, Gurke, Zwiebel und Knoblauch mit Salz in der Küchenmaschine sehr fein. Rühre Kefir und Wasser ein. Serviere mit Dille bestreut.

Herbstlicher Aperitif

300 ml roter Rübensaft • 150 ml Holunderblütensirup • 100 ml Portwein • 2 EL Zitronensaft • 1 Prise Ingwer • 2 Äpfel in Stückchen • sehr dünne Ingwerscheiben • 300 ml Sodawasser • Eiswürfel
Mische Rübensaft, Sirup, Portwein, Zitronensaft und Ingwer. Rühre die Apfelstückchen ein. Fülle die Mischung in Sektgläser, stecke auf jedes Glas eine Scheibe Ingwer, fülle mit Soda auf und serviere mit Eis.

Wintertrunk

Ideal zur Vorbeugung gegen Infekte, besonders mit Knoblauch
1 rote Rübe mit möglichst roten Blättern • 2 Karotten • 1 Pastinakenwurzel • 1 Stück Krenwurzel • 1 Apfel • 1 weiße Zwiebel oder Frühlingszwiebel • 1 Knoblauchzehe (optional) • 1 TL Honig • 1 Prise Koriandersamen • bei Bedarf etwas Orangensaft
Mixe alle Zutaten zu einem crèmigen Getränk.

KLEINE SPEISEN UND HORS D'ŒUVRES In seinem wegweisenden *Guide culinaire* erklärt Escoffier, rote Rüben seien ein Hauptbestandteil der Verzierung von Hors d'œuvres. Sie wurden in Kästchen-, Töpfchen- oder Schiffchenform geschnitten und kurz vor dem Servieren gefüllt.

Rosa Frühstück

Zum Valentinstag, Muttertag oder den Morgen danach

4 Scheiben Brot • 35 g gegarte rote Rüben • 1 kleiner Apfel ohne Kerngehäuse • 4 EL Joghurt oder Sauerrahm • einige Spritzer Limettensaft • 1 Prise Salz • 1 Prise frisch gemahlener schwarzer Pfeffer • 1 Msp Honig (optional) • 1 Stämmchen Petersilie

Steche oder schneide aus den Broten Herzen aus. Tupfe die roten Rüben gut trocken. Püriere 30 g der roten Rübe mit dem Apfel. Rühre Joghurt oder Sauerrahm, Limettensaft, Salz und Pfeffer ein. Schmecke nach Wunsch mit dem Honig ab. Hacke die restliche rote Rübe in kleine Stückchen. Verteile kurz vor dem Servieren die rote Rübenmasse auf den Brotherzen und streue die Stückchen darüber. Suche aus der Petersilie möglichst herzförmige Blattabschnitte und lege sie auf die Brote.

Rote Rüben Chips

1 rote Rübe • 1 Prise Salz • Thymian oder Rosmarin • auch Koriandersamen oder Kreuzkümmel

Belege ein Backblech mit Backpergament. Heize das Backrohr auf 90 °C mit Umluft vor.

Schäle die rote Rübe und hoble sie in hauchdünne Scheiben oder Längsstreifen. Lege die Scheiben in einer Schicht auf das Blech und streue das Salz gleichmäßig darüber.

Lasse die Scheiben im Rohr etwa 90 Minuten trocknen. Halte dabei die Tür des Backrohres mit einem hölzernen Kochlöffel einen Spalt offen.

Du kannst die Chips auch bei 150 °C in Öl backen und danach auf Küchenpapier abtropfen lassen.

Würze die Chips mit den Kräutern. Sie sind in dicht verschlossenen Gläsern kühl und dunkel gelagert mindestens 6 Monate haltbar. Zum Trockenhalten kannst du einen Teefilter gefüllt mit 1 EL roher Reiskörner in die Gefäße legen.

Honig-Marinierte Rote Rübe mit Marille und Cashew auf Frisee

3 kleine rote Rüben • 2 EL Blütenhonig • 50 g getrocknete Marillen • 1 unbehandelte Blutorange oder rosa Grapefruit • 1 Prise Salz • 1 sehr zarte Prise gemahlene Muskatblüte • 50 g Cashewnüsse • 1 kleiner Kopf Frisee • Einige Blättchen frischer Kerbel

Belege ein Backblech mit Backpergament. Heize das Rohr auf die niedrigste Stufe auf.

Schäle die roten Rüben und schneide sie hauchdünn mit einem Hobel. Ziehe die roten Rüben durch den Honig, lasse sie gut abtropfen und lege sie in einer Schicht auf das Backpergament. Trockne die Scheiben im Rohr etwa 5 Stunden. Lasse dabei die Türe einen Spalt offen.

Schneide die Marillen in kleine Stückchen. Filetiere die Zitrusfrucht, fange dabei den austretenden Saft auf. Lasse die Marillen und Zitrusfruchtspalten im Saft mit dem Salz und der Muskatblüte ziehen.

Röste die Cashews ohne Fett goldgelb. Hacke nach dem Abkühlen 1/3 der Nüsse grob, den Rest sehr fein. Verrühre die fein gehackten Nüsse mit den Marillen.

Zerzupfe den gut gewaschenen Salat und verteile ihn auf Vorspeisentellern.

Arrangiere die roten Rüben dekorativ um den Salat. Verteile die Marillen mit Saft auf dem Salat und den Rüben. Streue die grob gehackten Cashews darüber. Dekoriere mit den Kerbelblättchen und einigen Streifchen Zitrusfruchtschale.

Serviere winzig kleine Crostini mit dezentem Knoblauchton dazu.

Pikante Blitzmousse

350 g gegarte rote Rüben • 150 g Doppelrahmfrischkäse • 1 TL frischer Kren • 1 Prise Pfeffer aus der Mühle • 1 Stämmchen krause Petersilie

Mixe Rüben, Käse, Kren und Pfeffer zu einer schaumigen Mousse. Serviere in Cocktailschalen mit der Petersilie und Chips.

Eingelegte rosa Eier

Die rosa Eier haben eine lange Tradition und sind sehr weit verbreitet.

8 hart gekochte Eier • 500 ml Saft von eingelegten roten Rüben

Lasse die geschälten Eier im Saft gut zugedeckt im Kühlschrank ziehen, bis sie kräftig Farbe angenommen haben.

Salat von roten Rüben mit roten Linsen, Orange und Granatapfel

1 gegarte rote Rübe in Scheiben • 5 EL Olivenöl • 2 kleine Orangen • 2 EL Granatapfelsirup • 1 Prise Salz • 1 Prise rosa Pfeffer aus der Mühle • 150 g bissfest gegarte rote Linsen • 1 fein gehackte rote Zwiebel • 1 fein gehackte Knoblauchzehe • einige Blättchen frische Minze

Netze die Rübenscheiben mit etwas Olivenöl und lege sie auf Vorspeiseteller. Filetiere die Orangen. Fange dabei den Saft auf und verrühre ihn mit dem restlichen Olivenöl, Granatapfelsirup, Salz, Pfeffer, Linsen, Zwiebel und Knoblauch. Setze Linsentürmchen auf die Rübenscheiben, belege sie mit den Orangenfilets und streue Minzblättchen sowie etwas rosa Pfeffer darüber.

Wer zu faul zum Filetieren ist, kopiert Eckart Witzigmanns Beilage zu Hasenrücken und dünstet vorgegarte rote Rübenstücke in einer Mischung aus Butter und Orangenmarmelade 15 Minuten unter Rühren, bis die Sauce die Rüben dick überzieht.

Torschi left

Sehr beliebtes Sauergemüse in Ägypten, Syrien, Israel, dem Iran und Libanon

1 kg kleine weiße Rüben oder Kohlrabi • 1 rote Rübe • 3–4 Knoblauchzehen in Scheiben • 1 Stange Sellerie (optional) in Röllchen • 1 kleine Chilischote (optional) • 850 ml Wasser • 1–2 EL Salz • 3–4 EL Weinoder Apfelessig

Schäle die Rübchen und die Rübe, schneide sie in gefällige Stückchen und schlichte sie mit Knoblauch sowie – nach Wunsch – mit Sellerie und Chili in weithalsige Gläser. Bringe das Wasser zum Kochen, löse das Salz darin auf und rühre den Essig ein. Gieße die Mischung über das Gemüse. Lasse die Rüben im gut verschlossenen Glas an einem kühlen Ort 3–7 Tage ziehen. Kühl gelagert halten die Rübchen etwa 3 Wochen. Ungeduldige bereiten die Speise nach einem Rezept aus dem legendären *Modernist Cuisine* von Nathan Myhrvold:

1 große weiße Rübe in hauchdünnen Scheiben wird einfach mit 100 g rotem Rübensaft und 50 g Rotweinessig vakuumverpackt 1 Stunde in den Kühlschrank gestellt.

Gebackene rote Taler

Nach John Nott *The Cooks and Confectioners Dictionary* 1723

2 gegarte zylindrische rote Rüben • 100 ml Weißwein • 100 ml Obers • 1 Ei • 1 Dotter • 1 Prise Salz • 1 Prise Pfeffer • 1 Prise gemahlene Gewürznelken • 150 g Weizenmehl • 100 g Brösel • 2 EL gehackte Petersilie • Öl zum Braten • 1 große Zitrone

Bereite aus Weißwein, Obers, Ei, Dotter, Salz, Pfeffer, Gewürznelken und 100 g Mehl einen dünnen Teig.

Schneide die geschälten Rüben in 1 cm dicke Scheiben und lasse sie 30 Minuten im Teig ziehen. Hebe danach die Scheiben heraus, bestreue sie mit dem restlichen Mehl, Bröseln und Petersilie. Backe die Scheiben im Öl und serviere sie mit Zitronenspalten.

Ćwikła

Das *buoch von guter spise* (um 1350), eine Sammlung klösterlicher und höfischer Rezepte, beschreibt eine pikante Sauce aus Essig, Wein, Honig, Senf, Birnen und Gewürzen mit Rüben. Ähnlich ist Ćwikła. In Polen ist diese traditionelle Sauce sehr geschätzt als Beigabe zu Fleisch und Piroggen

500 g gegarte rote Rüben • 1 kleiner Apfel • 200 g geriebener Kren • 1 EL Essig • 1 Prise Zucker • 1 Prise Salz • 1 zarte Prise gemahlener Kümmel • 1 sehr dezente Prise gemahlene Gewürznelken • 1 Stämmchen Petersilie zum Dekorieren

Mische alle Zutaten und lasse die Sauce am besten über Nacht im Kühlschrank durchziehen.

Red Flannel Hash
Rotes Flannel Rösti

Eine Spezialität aus Neuengland, die traditionell mit Maisbrot serviert wird.

150 g Frühstücksspeck oder geräucherter Tofu • 1 EL Öl • 2 große gehackte Zwiebeln • 250 g gegarte rote Rüben • 500 g gekochte Süßkartoffeln • 2 gehackte Knoblauchzehen • 1 Prise Salz • 4 hart gekochte Eier (optional) • 2 EL gehackte rote Rübenblätter oder Petersilie

Brate den Speck oder Tofu in einer sehr großen Pfanne im Öl knusprig, hebe ihn aus der Pfanne und brate darin die Zwiebeln 5–8 Minuten weich. Füge die in Stücke geschnittenen roten Rüben und Kartoffeln hinzu, Knoblauch und Salz. Brate die Mischung allseits schön braun.

Serviere das Gericht heiß, nach Wunsch mit Eiern in Spalten, mit den Blättern oder Kräutern.

Falscher Hummersalat

Adaptiert aus Eliza Warren *Comfort for small incomes* 1866

1 gegarte rote Rübe • 2 gekochte mehlige Kartoffeln • 1 kleine Zwiebel • 4 Anchovisfilets • 3 EL Öl • 2 EL Essig • 2 TL Demerarazucker • 1 TL Senfpulver • 1 Prise Salz • 1 Kopf Salat • 2 Stämmchen krause Petersilie

Schneide die rote Rübe in dünne Scheiben.

Püriere Kartoffeln, Zwiebel, Anchovisfilets, Öl, Essig, Zucker, Senf und Salz in der Küchenmaschine.

Verteile die Kartoffelmischung auf dem Kopfsalat, lege die roten Rübenscheiben darüber und serviere mit Petersilie bestreut.

Grüner Spargel mit roten Rüben-Sprossen und cremigem Sesamdressing

2 EL rote Rüben Samen • 600 g grüner Spargel • 1 Prise Salz • 4 EL Tahin • 3 EL Zitrusfruchtsaft • frisch gemahlener weißer Pfeffer • 1 EL krause Petersilienblättchen

Lege die Samen in ein weithalsiges Glas. Verschließe das Glas mit einem Stück grobmaschigem Stoff. Weiche die Samen 24 Stunden in lauwarmem Wasser ein. Spüle die Samen und stelle das Glas schräg auf den Kopf, damit das Wasser abrinnen und Sauerstoff eindringen kann. Spüle die Sprossen zwei- bis dreimal täglich. Die ideale Keimtemperatur liegt bei etwa 20 °C. Je nach Temperatur sind die Sprossen in sechs bis acht Tagen zum Genuss bereit. Schäle den Spargel und koche ihn in zart gesalzenem Wasser bissfest. Verrühre Tahin, Zitrusfruchtsaft, Salz und Pfeffer zu einer glatten Sauce. Überziehe den Spargel mit der Sauce und streue die Sprossen sowie die Petersilie darüber. Fotos zur Herstellung der Sprossen stehen auf www.margot-fischer.net

Rosa Brandteigkrapferl mit Safranmousse

200 ml roter Rübensaft • 40 g Butter • 1 kräftige Prise Salz • 100 g Weizenmehl • 1 zarte Prise frisch geriebene Muskatnuss • 2 Eier • 2 Blatt Gelatine • 120 g Sauerrahm • 100 g Crème fraîche • 50 g Schlagobers • 1 TL Safranpulver • Saft ½ Zitrone • 1 Prise frisch gemahlener Pfeffer • 150 g gekochte junge Erbsen • 1 TL Schwarzkümmel • Blüten und Kräuter zum Dekorieren

Koche den Rübensaft mit der Butter und dem Salz auf. Rühre Mehl und Muskatnuss unter kräftigem Rühren ein, bis sich der Teig vom Topf löst. Lasse die Masse abkühlen, bevor du die Eier einzeln unter kräftigem Schlagen einrührst.

Heize das Backrohr auf 160 °C auf und belege ein Blech mit Backpergament. Spritze spitze Häufchen auf das Blech und backe sie 15 – 20 Minuten goldbraun.

Weiche die Gelatine in wenig kaltem Wasser einige Minuten ein. Erwärme die Gelatine vorsichtig.

Mische Sauerrahm, Crème fraîche, Safranpulver, Zitronensaft sowie Pfeffer und rühre die warme Gelatine mit dem Schneebesen ein. Schlage das Obers und hebe es gemeinsam mit den Erbsen in die Masse. Lasse die Mousse im Kühlschrank 2 bis 3 Stunden fest werden.

Schneide die oberen Drittel der abgekühlten Krapferl mit einer Schere ab, fülle die Mousse ein und setze die Kappe wieder auf. Serviere mit Schwarzkümmel, Blüten und Kräutern bestreut.

Roter Ägyptischer Dip

400 g rote Rüben, gegart und geschält • 1 Knoblauchzehe • fein gehackt • 1 EL Olivenöl • 1 EL Zitronensaft • 1 Prise Salz • 1 Prise Paprikapulver edelsüß • 1 Prise Kreuzkümmel • 1 Prise Koriandersamen • 1 Prise Zimt, gemahlen • 1 Prise Pfeffer

Püriere alle Zutaten in der Küchenmaschine. Serviere den Dip gut gekühlt mit Fladenbrot. Nach Wunsch kannst du den Dip auch mit Joghurt mischen.

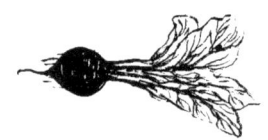

Geringeltes Carpaccio mit marinierten Pilzen und Cassis

500 g sehr kleine Eierschwammerl, Steinpilze oder Champignons • 6 EL Olivenöl • 2 gehackte Knoblauchzehen • 4 EL Sherryessig • 1 Prise Salz • 1 Prise frisch gemahlener Pfeffer • 1 Prise Zucker • 3 Tonda di Chioggia • 4 cl Cassis • 1 Stämmchen Estragon • 1 EL geröstete Sesamsamen

Brate die Pilze mit dem Knoblauch im Öl so lange, bis die entstandene Flüssigkeit verdampft ist. Rühre Essig, Salz, Pfeffer sowie Zucker ein und lasse die Pilze abkühlen.

Schneide die Rüben in hauchdünne Scheiben, die du gefällig auf Tellern arrangierst. Lege die Pilze darauf und gieße die Marinade gleichmäßig über die Rüben. Lasse das Arrangement 30 Minuten ziehen.

Träufle auf die Tellerränder etwas Cassis und serviere das Gericht mit Estragonblättchen und Sesam bestreut.

Rote Rüben Thoran aus Kerala

500 g geschälte und fein gehackte rote Rüben • 1 gehackte rote Zwiebel • 1 gehackte grüne Thai Chili • 1 Prise Kurkuma • 1 TL Senfsamen • 1 Kardamomkapsel • 1 Gewürznelke • 1 kleines Stück Zimtrinde • 120 g frische Kokosraspeln • 8 frische Curryblätter • 1–2 TL Kokosöl • 1 Prise Salz

Stoße Kurkuma, Senfsamen, Kardamom, Nelke und Zimt im Mörser und koche sie mit den Rüben, Zwiebel und Chili in etwa 120 ml Wasser mit Deckel knapp bissfest. Rühre Kokosraspeln, Curryblätter, Öl und Salz ein. Koche die Mischung ohne Deckel einige Minuten weiter, bis ein Großteil der Flüssigkeit verdampft ist.

Rote Rüben Chutney
mit Muskatkürbis und Marille

Verdopple die Gewürzmenge aus obigem Rezept und ersetze die Kokosraspeln sowie die Curryblätter durch 200 g Muskatkürbis und 100 g Trockenmarillen. Verdünne bei Bedarf mit etwas Orangensaft.

Roter Rüben Ketchup

80 g rote Rüben • 320 g Karotten • 50 ml Zitronensaft • 3 EL Weißweinessig • 1 EL Honig • 1 TL Senfkörner • 1 TL getrockneter Oregano • 1 kleine Zimtstange • 1 Prise Pfeffer • event. 1 kleine Chilischote • 1 Prise Salz

Schneide die geschälten Rüben und Karotten in Stückchen und koche sie mit den übrigen Zutaten weich. Püriere die Masse, koche sie nochmals auf und fülle sie heiß in gut verschließbare Gläser oder weithalsige Flaschen.

SUPPEN

Šaltibarščiai
Geeiste rote Rüben Suppe aus Litauen

500 g geschälte und gegarte rote Rüben in Stückchen • 1 geschälte Salatgurke in Stückchen • 250 ml Buttermilch • 50 ml Sauerrahm • 3 fein gehackte Schalotten • 2 hart gekochte Eier fein gehackt • 1 Prise Salz • 8 gekochte und geschälte Kartoffeln • 2 TL geschmolzene Butter • 4 EL gehackter Schnittlauch • 4 EL gehackte Dille oder Koriander

Mische die roten Rüben mit der Gurke, Buttermilch, Sauerrahm, Schalotten, Eiern sowie Salz und stelle die Mischung einige Stunden kalt. Serviere die Suppe mit Schnittlauch bestreut.

Schwenke die heißen Kartoffeln in der Butter, bestreue sie mit Dille und serviere sie separat.

Botvinya

Charakteristische geeiste russische Suppe mit reizvoll erfrischendem Spiel zarter Säuren aus Kvass, Sauerampfer und Zitrone für 8–12 Personen

3 gegarte rote Rüben • Blätter der roten Rüben •
2 Handvoll Sauerampferblätter • 1 Handvoll Nessel-
blätter (taub oder brennend, ersatzweise Spinat) • 1 l
Brot Kvass und 250 ml Okroschka Kvass (ersatzweise
säuerlich malziges Bier) • 1 Salatgurke • 4 Früh-
lingszwiebeln • 1 sehr kleine Zitrone • 1 TL Zucker •
1–2 EL geriebener Kren • 1 TL Senf • 1 Prise Salz •
500 g Stör oder Lachs • 4 Krebse (optional) • 1 TL
Fenchelsamen • 1 Lorbeerblatt • 1 Stämmchen Dille

Blanchiere die Blätter kurz in Salzwasser und lasse sie abtropfen. Hacke die Blätter bevor du sie in den Kvass rührst mit den gehackten Rüben, Salatgurke und Frühlingszwiebeln. Schäle die Zitrone und zerstampfe die Schale mit dem Zucker in einem Mörser. Rühre Zitronensaft, Kren, Senf sowie Salz ein und würze damit die Suppe. Lasse die Mischung gekühlt 20 Minuten durchziehen. Streue Dille darüber.

Pochiere den Fisch 10 Minuten in Salzwasser mit Fenchel und Lorbeer.

Serviere Suppe und Fisch getrennt, dazu eine Schale Eiswürfel und frisches Roggenbrot.

Rote Rüben Suppe mit Rübenstroh

400 g geschälte rote Rüben • 1 kleine geschälte Kartof-
fel • 1 große Zwiebel • 1 Pastinakenwurzel • 1 Karot-
te • 1 gelbe Rübe • 2 EL Öl • 1 Prise Kümmel • 1 Pri-
se Koriandersamen • 1 Prise Pfeffer • 50 ml Verjus •
1 Stück Kren • 1 Prise Salz • 80 ml Crème fraîche •
1 Stämmchen krause Petersilie • Für das Stroh: je 1
Stück rote (z. B. Formanova), gelbe (z. B. Burpee's
Golden) und weiße (z.B. Blankoma) Rübe (ersatzwei-
se Karotte, gelbe Rübe und Knollensellerie) • Rüben-
blätter (ersatzweise Spinat) • Öl zum Ausbacken

Schneide das Gemüse in kleine Würfel und brate es im
Öl an. Gieße mit Wasser auf, würze mit Kümmel, Koriander sowie Pfeffer und lasse die Suppe etwa 25 Minuten
sanft köcheln, bis das Gemüse weich ist.

Schneide in der Zwischenzeit Rüben oder Wurzel-
gemüse in sehr dünne Streifen und backe sie im heißen
Fett knusprig. Backe die Blätter getrennt – sie sind wesentlich rascher fertig.

Püriere die Suppe und schmecke sie mit Verjus, ge-
riebenem Kren und Salz ab.

Verrühre die Crème fraîche mit etwas Kren und setze auf jede Suppenportion einen Tupf. Streue das gebak-
kene Gemüse darauf und garniere mit Petersilienblät-
tern.

HAUPTSPEISEN

Barschtsch, Borsch(tsch)

In Osteuropa zählt polnisch Barszcz, russisch Borscht
in unzähligen Varianten zu den Nationalgerichten. Ursprünglich galt die Bezeichnung einer Speise aus der
Ukraine und Polen mit Blättern des Bärenklau (Barszcz)

und anderem Blattwerk. Die rote Rübe wurde erst ab dem 14. Jh. zur farbbestimmenden Zutat. Aschkenasische Juden nahmen das Gericht in die ganze Welt mit.

Um eine möglichst schöne Farbe und eine zart säuerliche Würze zu erhalten, fügen viele kurz vor dem Servieren vergorenen Saft der roten Rübe hinzu.

Hier ein traditionelles Rezept, das auf Nikolai Gogol zurückgeführt wird.

Borschtsch nach Hetmans Art

Hetmann bedeutete im 16. und 17. Jh. Herrscher der Ukraine und Führer der Kosakenarmee. Die Mengenangaben im traditionellen Rezept füttern sicherlich eine halbe Armee.

500 g Rinderbrust • 500 g Hühnerfleisch • 2 Lorbeerblätter • 200 g geschälte rote Rüben in Streifen • 100 g Speck in kleinen Würfeln • 1 Zwiebel • 250 g Karotten in Scheiben • 500 g Bohnen • 800 g Kraut in Streifen • 800 g geschälte Kartoffeln in Stücken • 1 Knolle gehackter Knoblauch • 1 TL Salz • 2 EL gehackte Kräuter (Bärenklau, Petersilie, Schnittlauch) • 200 ml Sauerrahm (optional)

Koche das Fleisch mit Zwiebel und Lorbeer mit Wasser knapp bedeckt 2–3 Stunden. Nimm das Fleisch aus der Suppe und schneide es in mundgerechte Stücke.

Koche die Suppe wieder auf. Lege Fleisch und rote Rüben in die Suppe. Sobald die Rüben halb gar sind, füge Kartoffeln und Kraut sowie Knoblauch hinzu.

Lasse den Speck auf kleiner Flamme aus. Brate die Zwiebeln und Karotten darin an. Koche die Bohnen separat. Lege das Gemüse etwa 15 Minuten vor Ende der Kochzeit in die Suppe. Schmecke die Suppe mit Salz ab und serviere mit Kräutern bestreut.

Rote Ofenrübe mit zweierlei Dips

4 kleine rote Rüben • 4 EL Olivenöl • 1 Prise Salz • 2 große reife Avocados • Saft und Schale von ½ unbehandelten Zitrone • 1 Prise frisch gemahlener weißer Pfeffer • 2 EL frisch gerissener Kren • 2 EL milder Senf • 1 TL Blütenhonig • einige Blättchen Koriander oder Kerbel

Heize das Backrohr auf 200 °C vor. Bürste die Roten Rüben gut ab und schneide sie ungeschält in Spalten. Lege die Spalten auf ein Backblech, träufle 2 EL Olivenöl darüber und würze mit ein wenig Salz. Backe die Spalten 20 bis 25 Minuten, bis sie weich und zart gebräunt sind. Lasse die Spalten abkühlen.

Schäle die Avocados und püriere sie mit Zitronensaft, etwas Salz und kräftig Pfeffer. Mische den Kren mit dem Senf und dem Honig. Reibe ein wenig Zitronenschale über die Roten Rüben. Serviere mit Kräuterblättchen bestreut und den Dips.

Für eine ausgiebigere Mahlzeit backe einfach ein paar Kartoffelscheiben mit den roten Rüben mit.

Rote Rüben Gnocchi mit Eierschwammerln und Heidelbeeren

400 g Kartoffeln • 50 g gegarte rote Rüben • 50 g geriebener Parmesan • 2 Dotter • 1 Prise Salz • 1 Prise frisch geriebene Muskatblüte • 1 Prise frisch gemahlener schwarzer Pfeffer • 80 g Hartweizengrieß • 4 EL Mehl • 2 EL Butter • 3 gehackte Frühlingszwiebeln • 250 g Eierschwammerl • 100 g Heidelbeeren • 1 sehr zarte Prise gemahlener Zimt • 2 Stämmchen krause Petersilie

Koche die Kartoffeln in der Schale weich. Püriere in der Zwischenzeit die roten Rüben und mische sie in einer großen Schüssel mit Parmesan, Dotter, Salz, Muskatblüte und Pfeffer.

Schäle die Kartoffeln noch möglichst heiß und lasse sie ein wenig ausdampfen bevor du sie durch die Kartoffelpresse in die rote Mischung drückst. Rühre nun Grieß und Mehl ein und knete die Masse zu einem eher festen Teig.

Bringe gesalzenes Wasser zum Kochen.

Forme den Teig zu fingerdicken Rollen, die du in etwa 2 cm lange Stücke schneidest. Drücke die Stücke mit einer bemehlten Gabel ein wenig flach und lasse sie im sanft köchelnden Salzwasser etwa 10 Minuten ziehen.

Dünste in der Zwischenzeit die Frühlingszwiebeln in der Butter glasig. Dünste die Eierschwammerln einige Minuten mit. Füge die Heidelbeeren hinzu, schmecke mit Salz, Pfeffer und sehr dezent Zimt ab.

Lasse die Gnocchi abtropfen und serviere sie sofort mit den Eierschwammerln und Petersilie bestreut.

Flans mit Krensauce und karamellisiertem Apfel

Die Flans
750 g gegarte rote Rüben • 5 Eier • 200–250 ml Crème fraîche • 1 Prise Salz • 1 Prise frisch gemahlener schwarzer Pfeffer • 1 Prise gemahlene Koriandersamen • 1 EL Butter oder Öl für die Formen

Heize das Backrohr auf 130 °C vor. Stelle ein tiefes Blech mit heißem Wasser in das Rohr. Streiche Flanförmchen mit Butter oder Öl aus.

Püriere die roten Rüben und mische sie mit den Eiern, der Crème fraîche, Salz, Pfeffer und Koriandersamen.

Fülle die Förmchen mit der Masse. Klopfe die Förmchen fest auf der Arbeitsfläche auf, damit keine Luftblasen eingeschlossen werden und setze sie auf das Blech. Das Wasser sollte etwa bis zur Hälfte der Höhe der Förmchen reichen.

Gare die Flans etwa 45 Minuten. Mache die Nadelprobe, bevor du die Flans aus dem Rohr nimmst.

Serviere sofort mit der Krensauce und karamellisiertem Apfel.

Die Krensauce
350 ml gute Suppe • 250 ml Sauerrahm • 1 EL glattes Mehl • 3 EL frisch gerissener Kren • 1 Prise Salz • 1 Prise Pfeffer • 1 Prise frisch geriebene Muskatnuss • 1 EL gehackte Petersilie

Koche die Suppe auf. Vermische den Sauerrahm mit dem Mehl. Rühre die Mischung in die Suppe und lasse die Sauce bei milder Hitze andicken.

Nimm den Topf vom Herd, rühre den Kren ein und schmecke mit Salz, Pfeffer und Muskat ab. Rühre die Petersilie ein. Nach Hinzufügen von Kren sollten Speisen nicht weiter kochen, da der Kren bitter wird.

Der Apfel
1 aromatischer Apfel • 1 EL Zitronensaft • 1 EL Butter • 1 EL Demerarazucker

Schäle den Apfel und schneide ihn in schmale Abschnitte. Netze die Stücke mit dem Zitronensaft.

Erhitze die Butter mit dem Zucker und brate die Apfelstücke darin goldbraun.

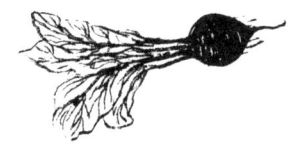

Rote Rüben und Linsen mit feuriger Chorizo

Seit der Antike empfehlen Ärzte die Kombination von Rüben und Linsen

2 TL Olivenöl • 1 rote Zwiebel in dünnen Scheiben • 400 g Chorizo oder andere pikante Wurst in Scheiben (oder Grillkäse) • 500 g gegarte rote Rüben • 300 g gekochte Linsen • 1 Prise Salz • 2 Stämmchen Koriander oder Petersilie

Erhitze das Öl und brate Zwiebel und Wurst oder Grillkäse braun. Dünste Rüben und Linsen einige Minuten mit, bis sie warm sind. Schmecke mit Salz ab und serviere mit den Kräutern bestreut.

Rote Rüben mit Dörrfrüchten und Speck

300 g geschälte rote Rüben in Würfeln • 100 g getrocknete Birnen • 100 g getrocknete Äpfel • 100 g Zucker • 20 g Butter • 750 g Speck • 6 große geschälte Kartoffeln in Würfeln • 1 Prise Salz

Zerkleinere die getrockneten Früchte und weiche sie für 2 bis 3 Stunden in lauwarmem Wasser ein. Lasse das Obst abtropfen und fange das Einweichwasser auf.

Röste den Zucker mit der Butter in einer Pfanne hellbraun. Füge die Obstschnitze hinzu, wende sie und lösche mit einem Teil des Einweichwassers ab.

Füge die roten Rüben, Speck und Kartoffeln hinzu. Gieße so viel Einweichwasser darüber, bis alles knapp bedeckt ist. Lasse das Gericht bei kleiner Hitze etwa 45 Minuten garen. Schmecke mit Salz ab.

Rote Rüben Schnecken mit Pastrami und Bergkäse

350 g Weizenmehl • 1 Prise Salz • 25 g Germ • 250 ml warmes Wasser • 1 Prise Zucker • 3 EL Öl • 150 g Pastrami in sehr dünnen Scheiben • 150 g geriebener reifer Bergkäse • 250 g gegarte rote Rüben in Stückchen • 1 Prise Thymian • Öl zum Bestreichen • 1 EL Sonnenblumenkerne

Siebe das Mehl mit dem Salz in eine große Schüssel und drücke eine Vertiefung in die Mitte. Löse die Germ in etwas vom Wasser mit dem Zucker auf und gieße die Mischung in die Mehlmulde. Lasse die Mischung zugedeckt 30 Minuten stehen. Arbeite hernach das restliche Wasser und das Öl ein, bis ein elastischer Teig entsteht. Lasse den Teig 30 Minuten gehen.

Lege 6–8 Muffinmuldenmit Backpergament aus.

Rolle den Teig nach dem Gehen zu einem Rechteck von etwa 30 x 50 cm aus. Streue die Hälfte des Käses darauf, danach das Pastrami, darüber die roten Rüben und letztlich den restlichen Käse. Bestreue mit Thymian und rolle den Teig von der Längsseite her sehr eng zusammen.

Schneide die Rolle mit einem Sägemesser in 6–8 Stücke und lege diese mit der Schnittseite nach oben in die Förmchen. Lege ein geöltes Backpergament über die Förmchen und lasse den Teig 30 Minuten gehen.

Heize das Backrohr auf 180 °C mit Umluft auf, entferne das Pergament, streiche noch etwas Öl auf die Schnecken, streue Sonnenblumenkerne darauf und bakke sie etwa 30 Minuten goldbraun. Serviere die Schnekken warm oder kalt mit Blattsalat innerhalb eines Tages.

Casunziei di rape rosse
Rote Rüben Teigtaschen mit Mohnsauce

Traditionelle Spezialität aus den Dolomiten

300 g Weizenmehl • 1 Prise Salz • 3 Eier • 4 EL Olivenöl • 550 g gegarte rote Rüben • 200 g gekochte Kartoffeln • 1–2 geschälte Knoblauchzehen • 1 Prise Pfeffer • 1 Prise gemahlene Muskatnuss • 1 Prise gemahlene Gewürznelken • 140 g Butter • 1 EL Mohn • 60 g geräucherter Ricotta (ersatzweise Parmesan oder ricotta salata)

Mische das Mehl mit dem Salz in einer großen Schüssel. Drücke eine Mulde in die Mitte und schlage die Eier hinein. Füge 2 EL Olivenöl hinzu und schlage es mit einer Gabel in die Eier. Arbeite das Mehl zunächst mit der Gabel portionsweise ein. Sobald der Teig dickflüssig wird, knete ihn mit den Händen weiter, bis der Teig sich zusammenballt. Lasse den Teig zugedeckt mindestens 30 Minuten rasten.

Lasse das rote Rübenpüree mit 2 EL Olivenöl, den ganzen Knoblauchzehen und den zerdrückten Kartoffeln in einem Topf bei milder Hitze etwa 10 Minuten eindicken. Schmecke mit Salz, Pfeffer, Muskat und Nelken ab. Entferne den Knoblauch und lasse die Füllung komplett auskühlen. Dies kann am Vortag geschehen.

Rolle den Teig portionsweise auf einer leicht bemehlten Fläche sehr dünn aus. Decke den übrigen Teig in der Zwischenzeit zu. Steche Scheiben mit 8–10 cm Durchmesser aus. Setze in die Mitte jeder Scheibe einen gehäuften TL Füllung. Befeuchte die Ränder mit etwas Wasser und falte die Scheiben zu Halbmonden. Drücke die Ränder gut aneinander. Lege die fertigen Täschchen auf eine leicht bemehlte Fläche. Decke sie nicht zu, währen du die restlichen Teigscheiben füllst.

Bringe in einem großen Topf reichlich Salzwasser zum Kochen, lasse die Täschchen hinein gleiten und bei milder Hitze ziehen, bis sie aufschwimmen.

Schmelze die Butter und schwenke den Mohn kurz darin. Hebe die fertigen Täschchen mit einem Sieblöffel vorsichtig aus dem Wasser auf vorgewärmte Teller. Serviere mit der Mohnbutter beträufelt und reibe Ricotta darüber.

Die Fülle per se ist eine feine Beilage.

Als *Rawfood Variante* püriere einfach für die Fülle Karotten mit Walnüssen und den Gewürzen. Den Teig ersetze durch rohe Scheiben von roten Rüben. Setze auf jede Rübenscheibe einen Löffel Fülle, decke mit einer roten Rübenscheibe ab und serviere mit einer Sauce aus dicker Kokosmilch mit 1 Prise Salz, 1 Spritz Limettensaft und Mohn.

Rote Quiche mit Ziegenkäse

100 g glattes Weizenmehl • 1 Prise Salz • 1 Prise Muskatnuss • 100 g kalte Butter in kleinen Würfeln • Mehl zum Stauben • 1 Ei leicht verschlagen zum Bestreichen • 1 EL Olivenöl • 1 große rote Zwiebel in dünnen Scheiben • 1 EL Honig • 1 Zweig frischer Thymian • 4 große gegarte rote Rüben in Scheiben • 150 g Ziegenkäse in Würfeln • 50 g Pinienkerne • 1 kräftige Prise Bockshornkleesamen • 1 TL Öl für die Form

Mische das Mehl mit Salz und Muskatnuss. Siebe das Mehl auf eine Arbeitsfläche. Drücke in die Mitte eine Kuhle, in die du die Butter legst und etwas kaltes Wasser gießt.

Knete die Zutaten von der Mitte aus rasch zu einem elastischen Teig. Es sollen noch Butterstückchen sichtbar sein. Lasse den Teig 15 Minuten kühl rasten.

Rolle den Teig auf einer bemehlten Arbeitsfläche aus. Falte den Teig so, dass 3 Schichten übereinander zu liegen kommen. Drücke die Schichten sanft aufeinander. Lasse den Teig nochmals 15 Minuten kühl rasten. Wiederhole das Zusammenfalten und Kühlen weitere 3 Mal.

Ersatzweise kannst du fertigen Blätterteig oder Plunderteig verwenden.

Heize das Backrohr auf 200 °C auf. Öle eine Quicheform.

Rolle den Teig aus, lege ihn in die Quicheform und steche ihn mehrfach mit einer Gabel an. Bestreiche den Teig mit dem Ei. Backe den Teig 10–15 Minuten goldgelb und lasse ihn etwas auskühlen.

Brate in der Zwischenzeit die Zwiebel im Olivenöl 5 Minuten an. Füge Honig und Thymian hinzu und brate weiter, bis die Zwiebel zart karamellisiert. Verteile die Zwiebel auf dem Teig. Lege die Rote Rübenscheiben darüber und zuletzt die Käsewürfel. Bestreue mit den Pinienkernen und backe die Quiche etwa 10 Minuten, bis der Käse etwas bräunt.

Serviere sofort mit Blattsalat.

Bunte Kapaunerwandeln

Barbara Hikmann *Wienerisches Kochbuch* (Gartlerisches Kochbuch) 1750

Eine gebutterte Pastetenform wird mit fein gehackter Petersilie oder Spinat sowie mit dünn geschnittenen sehr zarten roten und gelben Rüben ausgekleidet. Als Füllung dient fein geschnittene gebratene Kapaunenbrust gemischt mit einer in Obers eingeweichten Semmel, Mark, 4 weich gekochten Eiern und 4 Dottern. Nach dem Backen wird die Pastete gestürzt.

Rote Rüben in Haselnusskruste mit Birnenragoût

8 kleine gegarte und geschälte rote Rüben • 6 Scheiben altbackenes Weißbrot • 200 g fein geriebene Haselnüsse • 1 Prise frisch gemahlene Muskatnuss • 100 g glattes Mehl • 2 Eier • Öl zum Ausbacken • 80 g frischer Ingwer – so gewünscht – ersatzweise 1 kleine Zimtstange • 2 Birnen • 200 ml Wasser • Saft ½ Zitrone • 50 g Zucker oder 3 EL Honig • 1 unbehandelte Mandarine

Zerkleinere das Brot zu feinen Bröseln und mische sie mit den Nüssen. Schäle für das Birnenragout den Ingwer – so gewünscht – und schneide ihn in feine Streifen.

Schäle die Birnen und schneide sie in Scheiben. Lasse sie knapp mit Wasser bedeckt, Zitronensaft und Zucker oder Honig aufkochen. Füge Ingwer oder Zimt hinzu und lasse die Mischung einige Minuten ziehen.

Erhitze das Backfett.

Mische das Mehl mit Muskat und wälze die roten Rüben darin, danach in verquirltem Ei und zuletzt in der Nussmischung. Backe die Rüben beidseits im Fett goldgelb und lasse sie danach auf Küchenrolle abtropfen.

Serviere die Rüben sofort mit den Birnen und einigen Streifen Mandarinenschale.

Karamellisierte Quitten im rosa Mousse-Ring

1 große Quitte ohne Kerngehäuse • 3 EL Zitronensaft • 2 Gewürznelken • 75 g Butter • 1 zarte Prise Salz • 2 EL Zucker • 1 EL AgarAgar • 200 ml Milch • 4 EL Dinkelmehl • 150 ml roter Rübensaft • Saft und etwas Schale von ½ unbehandelten Zitrone • je 1 Prise gemahlener Zimt und Kardamom • 2 EL Blütenhonig • 1 Ei • 1 Prise Salz • 50 ml Schlagobers • Vanilleschotenmark • 2 EL gehackte Pistazien

Mische etwa 100 ml Wasser mit dem Zitronensaft und den Nelken.

Schneide die Quitte in dünne Spalten und lege sie gut zugedeckt mehrere Stunden in den Zitronensaft.

Lasse das AgarAgar-Pulver 10 Minuten in 2 EL Wasser quellen.

Verrühre die Milch mit Mehl, Rübensaft sowie AgarAgar und lasse sie bei milder Hitze unter Rühren 3 Minuten köcheln. Rühre hernach Saft und Schale der Zitrone, Zimt, Kardamom und Honig ein und lasse die Mischung auskühlen. Rühre den Dotter in die erkaltete Masse.

Schlage das Eiklar mit Salz steif. Schlage das Obers mit der Vanille steif. Hebe abwechselnd Schnee und Obers unter die Rübenmasse. Fülle die Masse in 4 kalt ausgespülte Ringförmchen und kühle sie zugedeckt 3 Stunden.

Dünste die Quitte mit der Flüssigkeit mit der Butter etwa 8 Minuten bissfest. Die Flüssigkeit sollte verdampft sein. Streue den Zucker auf die Quitten und gare sie etwa 3 Minuten weiter, bis der Zucker hell karamellisiert.

Stürze die Mousse auf Vorspeisenteller und setze in die Mitte der Ringe die erkalteten Quittenspalten. Serviere mit Pistazien bestreut.

Rosa Pfannenküchlein mit Weingartenpfirsichen

Adaptiert nach *The Experienced English Housekeeper.* Elizabeth Raffald 1786

170 g gegarte rote Rüben • 4 Dotter • 45 ml Crème fraîche • 45 ml Weinbrand • ½ geriebene Muskatnuss (original, auf Wunsch weniger) • 2 TL Feinkristallzucker • 30 g Weizenmehl • Butter zum Braten

300 g Weingartenpfirsiche in Spalten • 2–3 EL Demerarazucker • frische Minzblättchen (Myrte im Original)

Püriere die roten Rüben, vermische sie mit den übrigen Zutaten und schlage die Masse kräftig auf (im Original 30 Minuten).

Lasse die Butter bei milder Hitze in einer schweren Pfanne schmelzen.

Setze mit einem Schöpfer kleine Küchlein in die Pfanne. Sobald der Teig fest zu werden beginnt, drehe die Küchlein um und brate kurz weiter. Die Küchlein sind in etwa 3 Minuten fertig. Sie sollen nicht braun werden.

Dünste die Weingartenpfirsiche in ein wenig Butter mit dem Demerarazucker bissfest.

Serviere die Küchlein warm oder kalt mit den abgetropften Weingartenpfirsichen und den Minzblättchen. Im Original mit eingelegten Marillen oder grünen Bonbons.

Roter Samtkuchen

Flauschig samtig, adaptiert von einem bis heute weithin beliebten Südstaaten-Rezept: Red Velvet Cake, als Backmischung bekannt unter Devil's Cake, legendär in Form eines Gürteltieres im Film *Magnolien aus Stahl*

300 g rote Rüben • 1 EL milder Essig • 2 EL Zitronen-saft • 300 g Weizenmehl • 1 Prise Salz • 2 TL Back-pulver • 1–2 EL Kakao (nicht alkalisiert) • 120 g Butter • 280 g Zucker • 3 Eier • Vanille • 125 ml Butter-milch • 400 g Frischkäse • 100 g Butter • 200 g Staubzucker • 1 sehr zarte Prise Salz • Vanille • But-ter für die Formen • 1 EL gehackte Pekannüsse zum Dekorieren

Heize das Backrohr auf 180 °C (160 °C Umluft) vor. Butte-re 3–5 kleine runde Backformen.

Püriere die geschälten roten Rüben sehr fein und verrühre sie mit dem Essig und Zitronensaft.

Mische das Mehl mit Salz, Backpulver und Kakao.

Rühre Butter, Zucker, Eier und Vanille sehr schaumig. Rühre die Buttermilch ein.

Vermenge alle drei Mischungen, gieße die Masse in die Formen und backe sie 25–35 Minuten (Nadelprobe).

Für die Glasur rühre Frischkäse, Butter, Staubzucker, Salz und Vanille sehr schaumig. Sollte die Glasur zu warm werden, stelle sie vor dem Glasieren in den Kühlschrank.

Bestreiche jeden der gut abgekühlten Teigscheiben mit etwas Frischkäse. Setze die Scheiben aufeinander und überziehe den Kuchen mit der restlichen Masse. Serviere mit Pekannüssen bestreut.

Magentafarbene Kekse

Crimson biscuits sind in Großbritannien seit der viktorianischen Ära en vogue

50 g gegarte rote Rüben • 65 g Zucker • 4 Dotter von hart gekochten Eiern • Zitronensaft • Orangenblüten-wasser • 100 g Butter • 1 Prise Salz • 1 sehr dezente Prise gemahlene Gewürznelken • 300 g Weizenmehl

Püriere die Rüben mit Zucker, Dottern, Zitronensaft und Orangenblütenwasser. Rühre die Butter ein. Knete die Masse mit Salz, Nelken und Mehl zu einem glatten Teig.

Heize das Backrohr auf 180 °C auf und belege ein Backblech mit Backpergament. Setze kleine flache Kleckse auf das Blech und backe sie etwa 15 Minuten sehr hell.

Rote Rüben Guglhupf mit zweierlei Glasur

500 g gegarte rote Rüben • 160 ml Öl • 150 g Honig • 4 Eier • Saft und etwas gerieben Schale von 1 unbehandelten Orange • Vanilleschotenmark • 1 TL frischer Ingwer fein gehackt • 150 g Weizenmehl • 100 g Maisgrieß • 1 EL Backpulver • 1 Prise Salz • 1 Prise gemahlener Zimt • 1 Prise Piment • 200 g Crème fraîche • 6 EL Feinkristallzucker • 50 ml roter Rübensaft • 50 ml Karottensaft • Öl und Brösel für die Backform

Pinsle die Form mit Öl aus und bestreue sie mit Bröseln. Heize das Backrohr auf 180 °C vor. Püriere die roten Rüben und mische sie mit Öl, Honig, Dottern, Orangenschale und -saft, Vanille und Ingwer.

Mische das Mehl mit dem Maisgrieß, Backpulver, Zimt sowie Piment und rühre es in die Rübenmasse.

Schlage die Eiklar mit dem Salz zu einem festen Schnee und hebe ihn vorsichtig unter.

Fülle die Masse in die Form und backe sie etwa 35 Minuten. Sie ist fertig, wenn ein in die Mitte gestochener Holzstab sich sauber wieder herausziehen lässt. Lasse den Kuchen auskühlen, löse ihn mit einem spitzen Messer vom Rand, lege einen großen Teller auf die Form und stürze den Kuchen.

Für die Glasur mische die 200 g Crème fraîche mit dem Zucker. Verrühre die Hälfte davon mit dem roten Rübensaft, die andere mit Karottensaft. Glasiere den Kuchen und serviere ihn mit etwas Orangenschale bestreut.

Rote Rüben Schoko Muffins mit Rosenblättern

75 g gegarte rote Rübe • 45 g dunkle Schokolade • 3 Eidotter • 70 g Butter • 60 g Feinkristallzucker • 1 Prise Salz • 1 Vanilleschote (Mark) • 1 Prise gemahlener Zimt • 75 g Weizenmehl • 180 g Kokosfett • 3 Eiklar • 75 g Staubzucker • 1 Prise Salz • 50 ml rote Rüben-Saft

Lege eine Muffinbackform mit hitzefesten Muffinmanschetten aus. Heize das Backrohr auf 190 °C (170 °C Umluft) auf.

Püriere die roten Rüben. Schmelze die Schokolade im Wasserbad. Lasse die Schokolade leicht abkühlen.

Schlage in der Zwischenzeit Dotter, Butter, Zucker, Salz, Vanille und Zimt schaumig. Rühre das rote Rübenpüree und die Schokolade in die Buttermasse.

Hebe das Mehl unter und verteile die Masse in Muffinmanschetten.

Backe die Muffins 20 bis 25 Minuten. Mache die Nadelprobe, bevor du die Muffins aus dem Rohr nimmst.

Für die Glasur schmelze das Kokosfett bei milder Hitze. Schlage in der Zwischenzeit das Eiklar mit dem Zucker und dem Salz sehr steif. Rühre den Rote-Rüben-Saft und das lauwarme Kokosfett ein.

Verteile die Glasur auf den Muffins und dekoriere mit den Rosenblättern.

Rote Rüben Rosenblätter als Dekor

50 g Zucker • 1 TL AgarAgar • 1 Spritzer roter Rüben-saft • 100 ml Rosengrappa oder Rosenlikör • 50 ml Rosenwasser

Koche 100 ml Wasser auf und löse darin Zucker und AgarAgar. Färbe dezent mit Rübensaft, lasse die Mischung etwas abkühlen und rühre Grappa sowie Rosenwasser ein.

Gieße die Masse in 1 mm dicken Schichten auf Silikonbackmatten und lasse sie erstarren. Schneide oder steche Blätter daraus.

Rote Rüben Eiscrème

2 mittlere ofengegarte rote Rüben • 170 g Zucker • 50 g Mascarpone • 450 g Milch • 8 g Maisstärke • 2 g Salz • 290 g Schlagobers • Schale von 1 Orange

Püriere die Rüben und mische 125 g des Pürees mit 30 g Zucker und dem Mascarpone. Stelle die Mischung in den Kühlschrank.

Verrühre 30 g Milch mit der Stärke.

Koche die übrige Milch mit dem Salz, Obers und Orangenschale in einem großen Topf bei mittlerer Hitze 4 Minuten. Rühre die Stärkemilch ein und koche die Mischung 1 weitere Minute unter stetem Rühren, bevor du sie noch heiß mit dem Rübenpüree vermengst.

Kühle die Mischung zunächst im Eisbad, hernach im Kühlschrank möglichst weit herunter, bevor du sie in einer Eismaschine fertig stellst. Lasse die Eiscrème im Tiefkühler mindestens 4 Stunden durchkühlen und stelle sie 45 Minuten vor dem Servieren in den Kühlschrank.

DIE AUTORIN

Margot Fischer ist Ernährungswissenschafterin und Anglistin. Nach zahlreichen Jahren in der medizinischen Forschung betrieb sie zum Ausgleich ein Restaurant und eine Weinbar. Ihre Erfahrung und Experimentierfreude schlagen sich in ihren Kochbüchern nieder, die neben anregenden, selbst entwickelten und klassischen Rezepten, Unterhaltsames und Aufschlussreiches aus Kulturgeschichte und Forschung bieten. Bei Mandelbaum erschienen: *Bayou – Kochen in Louisiana, Wilde Genüsse, Essbare Wildpflanzen für Einsteiger* sowie die Kleinen Gourmandisen *Johannisbeere, Holunder, Pastinak, Mandel, Weichsel Sauerkirsche, Kakao, Rhabarber* und *Walnuss*

KÜCHENLATEIN UND KÜCHENÖSTERREICHISCH

Brösel	Paniermehl
Chorizo	sehr würzige spanische Wurst
Demerarazucker	Rohrzucker mit 2–3% Melasse
Dotter	Eigelb
Dressing	Salatsauce
Eierschwammerl	Pfifferling
Eiklar	weißer Teil des Eis
Germ	Hefe
Kren	Meerrettich
Marille	Aprikose
Marmelade	Konfitüre
(Schlag)Obers	(Schlag)Sahne
Sauerrahm	saure Sahne
Schnaps	Branntwein
Semmel	Brötchen
Staubzucker	Puderzucker
Verjus	Saft aus unreifen Weintrauben

mandelbaums *kleine gourmandisen*

Jeweils 60 Seiten | Euro 14,– | Gebunden

APFEL	MOHN
ARTISCHOCKE	MORCHEL
AVOCADO	ORANGE
BANANE	PASTINAK
BASILIKUM	PISTAZIE
BIRNE	QUITTE
CHILI	RADICCHIO
DATTEL	RHABARBER
ERBSE	ROSMARIN
ERDNUSS	ROTE RÜBE ROTE BETE
FEIGE	SAFRAN
FENCHEL	SALBEI
GRANATAPFEL	SELLERIE
GURKE	SESAM
HASELNUSS	SPARGEL
HEIDELBEERE	STEINPILZ
HOLUNDER	TAFELTRAUBE
JOHANNISBEERE	TOMATE
KAKAO	THYMIAN
KARFIOL BLUMENKOHL	VANILLE
KAROTTE MÖHRE	WALNUSS
KICHERERBSE	WEICHSEL SAUERKIRSCHE
MANDEL	ZIMT
MANGOLD	ZITRONE
MARONE ESSKASTANIE	ZUCCHINI
MELANZANE AUBERGINE	ZWIEBEL